KB219821

CCM · Gospel 연주를 위한 통기타 교본의 필독서

핵심 통기타 찬양교실

이재삼 지음

가장 사랑받는BEST CCM · Gospel 모음
왕초보자가 고급 수준까지 통기타 완전정복

3핑거피킹 · 2핑거피킹주법 응용패턴 총정리

스트로크주법 · 아르페지오 응용패턴 총정리

통기타교본 · 찬양집 · 코드집 동시 활용

내 아이를 위한 책

몽당연필

저자 이재삼 목사

- 성서대학교 기독교교육학 · 호서대학교 기독교연예학
- 총신대학교 신학대학원 · 숭실대학교 기독교학대학원(Th.M edu)
- 상경중학교 방과후 강사 · 세광문화센터 통기타 강사 역임
- 갓피플 통기타 속성세미나 인도
- 호서대학교 일렉기타 전공 · 아가페반주용찬송가 공저
- 로그뮤직 우쿨렐레 강사 · 샬롬실용음악학원 원장
- 강의문의: 010-7657-9000

저서

- 핵심 통기타 찬양교실
- 우쿨렐레 찬양스쿨 · 우쿨렐레 트롯스쿨
- 크리스천을 위한 우쿨렐레 찬양교실 등

핵심 통기타 찬양교실

초판 1쇄 발행 2003년 7월 14일
초판 18쇄 발행 2023년 7월 14일

지은이 이재삼
펴낸이 박종태

펴낸곳 몽당연필 **등록** 2004년 4월 29일(제 2022-000001호)
주소 10849 경기도 파주시 월롱산로 64 1층(야동동)
전화 031-907-3927 **팩스** 031-905-3927
이메일 visionbooks@hanmail.net
페이스북 @visionbooks **인스타그램** vision_books_

마케팅 강한덕 박상진 박다혜 전윤경
관리 정문구 정광석 박현석 김신근 정영도
경영지원 김태영 최영주

인쇄 예림인쇄
공급처 ㈜비전북
          T.031-907-3927 F.031-905-3927

ISBN 978-89-89833-08-6 03230

* 몽당연필은 비전북, 바이블하우스, 비전CNF와 함께합니다.
* 잘못된 책은 구입하신 서점에서 바꾸어드립니다.
* 책값은 뒤표지에 있습니다.

「핵심통기타찬양교실」을 펴 내면서

 찬양은 모든 성도들이 하나님께 드려야 할 신앙의 고백이요 삶의 고백입니다.

 그동안 일반 대중 통기타교본은 많이 나왔지만 기독인을 위한 통기타 찬양교본은 매우 적었습니다. 필자는 이미 「핵심통기타찬양교본」을 통해서 성도들이 통기타찬양연주를 얼마나 사랑하는지를 알게 되었습니다.

 그래서 이번에 「핵심통기타찬양교본」의 개정증보판으로 두단계 더 업그레이드 된 통기타 찬양교본을 내 놓습니다.

 왕초보자를 위해서 연습곡에 스트로크주법 표기와 아르페지오 연주방법 표기를 넣었으며 중급자를 위해 아르페지오 패턴연습과 특히 3핑거 피킹주법에 대해서 자세히 쓴 것이 이 책의 특징입니다.

 새로운 곡들도 많이 추가하였으며 찬양을 사랑하고 통기타를 사랑하는 이들이 「핵심통기타찬양교실」교본을 통해 하나님을 찬양하는 실력도 많이 성장되길 기대합니다.

 「핵심통기타찬양교실」교본이 하나님을 찬양하기 원하는 모든 지체들에게 조금이나마 도움이 되었으면 하는 바램과 더불어 통기타 찬양 열풍이 다시금 한국 교회에 넘치길 기도합니다.

 모든 영광을 하나님께 돌리며 수고해 주신 모든 분들에게 감사를 드립니다.

2003. 7. 14.

이 재 삼

효과적으로 교본을 사용하려면

1. 핵심과 원리를 중심으로 쉽게 알 수 있도록 엮었으며 핵심은 꼭 알아두어야 합니다.
2. 기존의 스트로크 리듬표시와 달리 저음과 고음을 일직선상에서 쉽게 알 수 있도록 표시하되 저음은 O표시로 고음은 O표시가 없는 부분으로 표시했습니다.
3. 10년전부터 최근에 이르기까지 가장 사랑받는 132곡을 뽑아서 엮었으므로 청소년, 청년, 장년에 이르기까지 찬양집으로도 활용할 수 있습니다.
4. 교본 뒤에는 자주 사용되는 코드를 엮었으며 또한 악보를 쉽게 넘길 수 있도록 링으로 책을 엮었습니다.
5. 앞으로도 새로운 곡들을 계속 연구하여 첨부하도록 하겠습니다

목 차

가장 사랑받는
CCM·Gospel 모음집

◎ 기타란 무엇인가

기타(guitar)

기타(guitar)란 현을 손가락이나 피크(pick)로 줄을 퉁기어 소리를 내는 발현악기이다.

울림통을 지닌 현악기라는 점에서 바이올린과 첼로 등과 구별되는 것이 특징이다.

차이점이 있다면 기타는 화음과 프렛을 가진다는 점이다.

보통 기타를 말하면 클래식기타를 말하지만 클래식기타는 연주를 위한 기타이므로 회중찬양에는 통기타 또는 어쿠스틱기타, 오베이션기타가 잘 어울린다.

발현악기(發鉉樂器)

손가락이나 다른 기물로 퉁겨 소리를 내는 현악기를 말한다.

현악기에는 이 밖에도 활로 연주하는 찰현(擦絃)악기와 발목(撥木)으로 소리를 내는 타현(打絃)악기가 있다. 발현악기로서 손가락으로 연주하는 것에는 하프 · 기타 · 류트 · 한국의 가야금 · 중국의 삼현(三絃)과 비파(琵琶) 등이 있고, 플렉트럼(plectrum: pick도 그 일종임)으로 연주하는 것으로는 대형 발목을 사용하는 일본의 비파 · 샤미센[三味線] 등이 있다. 소형 플렉트럼으로 연주하는 것으로는 만돌린 · 피크기타 · 하와이안기타 · 치타 등이 있다.

발현악기를 고도로 기계화시킨것이 쳄발로(하프시코드)로 스피네트 버지널과 함께 건반에 의해 발주(撥奏)할 수 있도록 설계되어 있다.

◎ 기타의 역사

기원

기타가 악기로서 쓰이게 된 것은 B.C.3700년 경으로 보고 있다. 이 시대의 이집트 왕묘의 벽화에 기타아를 닮은 발현악기의 그림이 새겨져 있는 것에 그 근거를 두고 있다.

그리고 B.C.1400년 경의 유적에서는 네페르(Nefer), 혹은 오오드(Ood)로 불리우는 보다 진보된 발현악기의 흔적이 발견되었는데 이 악기는 이미 16개의 프레트(fret)를 가지고 있는 악기로서의 형태를 분명하게 갖추고 있어서 사계의 깊은 관심을 끌어오고 있는 터이다.

이 악기들 네페르와 오오드가 앗시리아 · 페르시아 · 아라비아 등에 파급되어서 A.D.8세기 경에는 아리비아 류트(Arabia Lute)로 불리우는 하나의 완전한 악기로 완성되었다.

이것이 711년 사라센의 스페인 침공과 더불어 도입되었던 것이다. 이 아라비아풍의 기타아(모로 혹은 무어풍의 기타아 : 당시는 류트)는 모통이 타원형이었으며 둘 혹은 셋을 한 조(組)로 하는 여러개의 줄을 라스게아도 주법으로 거칠게 연주하였다.

그런데 그 당시의 스페인에서는 이미 라틴풍의 기타아가 존재하고 있었다. 이 악기는 고대 그리스의 키타라(Kithara)가 발전한 것으로서 로마인들에게 의하여 전래되었던 것인바 여러

차례의 개량을 거쳐서 16세기 경에는 스페인 비엘라(Spain Vihuela)로 완성되었다.

이것은 현대 기타와 비슷이 허리가 들어갔고 표면판은 평평했으며 네크가 짧은 4선(線)악기로서 또박 또박 정중하고 우아하게 연주되었다.

이상 두 악기(무어풍의 기타와 라틴계의 기타)가 근대 기타의 직접적인 원조(元祖)로서 이들이 통일·개량되어 전 유럽에 보급되었던 것이다.

16세기~18세기 전반

일반적으로 16세기와 17세기는 피아노의 전신이라고 할 수 있는 클라비코오드와 하아프시코오드의 전성기로 인식되어 왔으나 실상 그 악기는 극소수에 지나지 않았으며 다만 몇 몇 귀족과 그들의 궁정악사를 위한 전용물이었을 따름이다. 오히려 이 시대에 일반과 수많은 음류시인(吟遊詩人)들 사이에 널리 통용된 악기는 비엘라와 류트였다.

16세기 스페인에서는 비엘라의 대가이고 파바나(Pavana)등을 작곡한 루이스 밀란(L.Milan)을 위시하여 루이스 데 나르바에스(L.de Narvaez), 아론소 무다라(A.Mudarra), 에르난도 데 카베손(H. de Cabezon)등이 활약하였다.

이 시기에 스페인에서는 비엘라가 전성(全盛)하였고 유럽 다른 나라들에서는 류트가 현대의 피아노 만큼 중요한 악기로 사용되었다. 이 시대의 대표적 인물로는 이칼리아의 빈센조 갈릴레이(V.Galilei), 프랑스의 데니스 고오체(D.Gaultier), 도이치의 에자야스 로이스너(E.Reusner)등을 손꼽을 수 있으며 영국의 죤 다우랜드(J.Dawland)의 활약상은 특히 눈부신 바 있었다.

스페인의 비엘라는 16세기 후기에 그리고 대륙의 류트는 17세기에 이르러 차차 그 빛을 잃기 시작하였다. 그 원인은 때마침 출현한 바이얼린에 있었던 것으로 짐작되고 있는데 그러한 상황에서도 비센테 에스피넬(V.Spinel)과 환 칼로스 아마트(J.C.Amat)두 사람의 노력으로 악기는 보다 합리적인 개량을 보게 되었다. 즉 에스피넬은 5현 기타를 확립하였고 아마트는 이 기타를 스페인 전역에 보급하는 한편 조율도 현대 기타와 별 차이 없게 완성시켜 놓았다(현대 기타의 6번선이 없는 것과 같음).

17세기의 대표적 인물로는 프란시스코 코르베타(F.Corbetta), 가스파르 산스(G.Sanz), 로베르트 데 비제(R. de Visee)등 명곡을 많이 쓴 이들이 들을 수 있는데 특히 코르베타는 스페인 전 유럽에 보급하는데 큰 공을 세웠다.

18세기 들어오면서 때마침 완성된 피아노의 위대한 성능에 위축 당하는 시련을 또 한번 겪음으로서 한때 쇠퇴하는 듯 했으나 빛나는 전통을 이어받은 기타는 각 나라 민중들 사이에 깊이 뿌리박고 뚜렷한 하나의 악기로서의 터전을 굳혀 나아갔다.

18세기후반~19세기 전반

18세기말부터 19세기 초에 이르는 기간은 기타의 황금시대라고 할 만큼 위대한 기타리스트들

이 속출하였다. 그 중에서도 특히 스페인의 페르난도 쏘르(F. Sor)는 불후의 명작을 많이 남김으로써 〈기타의 모차르트〉 혹은 〈기타의 베토벤〉으로 불리우고 있다.

그의 많은 작품 중에서도 「오페라 마적(魔笛)의 주제에 의한 변주곡」과 「대 독주곡」, Op. 22와 25 소나타, 미뉴에트집 등은 걸작품으로 평가되고 있으며 특히 그의 연습곡집은 음악적으로나 교육적으로 대단한 가치를 지닌 작품으로 존중되고 있다.

같은 스페인 사람으로서 디오니시오 아구아도(D. Aguado)역시 위대한 기타리스트로서 그의 연습곡과 기타교본은 오늘날에도 변함없이 애용되고 있을 만큼 교육적으로도 큰 공적을 쌓은 사람이다. 아구아도는 롯시니와 가깝게 교제하였으며 바이올린의 귀재 파가니니(N. Paganini)에게도 중대한 영향을 주어서 그로 하여금 많은 기타곡을 남기게 하였다. 파가니니는 쏘르와도 깊은 우정을 나누었던 것으로 알려져 있다.

이 시대의 이탈리아 사람으로는 마으로 쥴리아니(M. Giuliani)를 꼽을 수 있다. 쥴리아니는 훌륭한 연주가이면서도 명곡을 다수 남겼는데 그의 협주곡은 특기할만 하다.

페르디난도 카룰리(F. Carulli)는 간략하고 친밀감을 주는 고전적 명곡의 대가로 유명하다. 「협주곡」과 「2중주곡」은 그의 작품 중에서도 뛰어난 것이며 무엇보다도 초보자를 위하여 남긴 연습곡들은 그 교육적 가치가 카르카시를 능가할 만한 것이 다수 있을 정도다.

마테오 카르카시(M. Carcassi)는 오늘날 비상한 관심으로 연구 취급되고 있는 Op.60 「25의 연습곡」은 그의 수 많은 작품 중에서도 가장 빼어난 것으로 평가되고 있다.

19세기 중·후기

전세기의 대가들이 점차 사라져 가는 한편 음악의 양상이 그 규모를 크게하여 감에 따라서 한 때 기타가 그 빛을 잃은 듯 하였다. 그러나 이 때에도 기타를 연구 육성한 사람들이 있어서 기타 음악은 근본적인 재검토를 거침으로써 더욱 과학적인 체제를 갖추게 되었다.

여기에 공헌한 많은 사람들이 있지만 그 누구보다도 기타 음악을 지금과 같은 영구불멸의 경지로 이끌어 올린 사람은 프란치스코 타레가(Francisco Tarrega)이다. 그는 전혀 다른 각도에서 주법을 연구하여 새로운 질서의 확립을 추구한 끝에 마침내 기타가 지닌 모든 가능성을 캐어낸 위대한 인물이다.

그의 의하면 기타는 명실상부하게 멜로디와 화음을 입체적으로 구사하는 한편 보다 색감(色感)있는 표현도 가능하게 되었을뿐더러 왼손의 운지법과 오른손의 탄현법에 철저한 개혁을 이룩함으로서 현대의 합리적인 주법이 눈뜨게 되었던 것이다.

이렇게 하여 기타음악은 하나의 완전한 예술로서 현재와 같은 확고부동한 기반 위에 세워진 것인바 아마 타레가 이후의 기타리스트로서 그의 영향을 받지 않은 사람은 하나도 없을 것이다. 유명한 「알함브라의 회상」을 비롯하여 「라그리마」, 「아델리타」, 「알보라다」등 주옥같은 명곡과 「전주곡집」, 「연주회용 대 호다」 그리고 수 많은 편곡작품등 활동상으로도 큰 공적을 남겼다.

현대의 기타리스트

안드레스 세고비아(Andres Segovia)는 금세기 최대의 기타리스트이다. 그는 에스파냐의 기타 연주자로 리나레스에서 출생하여 14세 때 데뷔하고 성인이 된 후 유럽과 미국을 연주여행하여 인정을 받았다. 현대 기타음악은 에스파냐의 F.타레가에서 비롯되었는데 세고비아는 이의 완성에 많은 역할을 하였다.

세고비아가 고전적인 기타음악을 세상에 소개하여 그 예술적인 가치를 일반에게 알린 공적도 크지만 다른 악기를 위한 작품을 기타용으로 편곡하고 예술적인 향기가 높은연주로 세상에 널리 보급시킨 공적 역시 이에 못지 않게 크다. 수많은 작곡가가 그에게 작품을 헌정하고 있는 것이 이를 말해주고 있다. 또한 그는 이탈리아의 시에나에 있는 기지음악학교에서 후진양성에도 진력하였다.

◙ 기타를 잘 치려면

기타를 처음 시작하는 이들이 처음에는 뜨거운 열정으로 시작하지만 코드를 조금 잡다가 F코드를 배우게 되면 중간에 포기하는 경우를 봅니다. 물론 코드가 어려운 점도 있지만 어려운 고비는 계속해서 있는 것이다. 끝까지 인내하면 누구나 연주할 수 있다.

기타를 잘 치는 비결 몇 가지를 소개하고자 한다.

① 좋은 교사(강사)를 두는 것이 중요하다.

자신의 한계를 넘기 위해서는 좋은 교사가 있는 것이 훨씬 배우는데 좋다.

② 열정과 인내가 있어야 한다.

최소한 노래를 부를 정도만큼은 인내하면서 뜨거운 열정으로 배우는 것이 중요하다.

③ 음악기초이론을 배우는 것이 중요하다.

기본적인 악상기호나 음표정도는 아는 것이 연주를 하는데 큰 도움이 된다.

④ 매일 연습하되 반복훈련이 중요하다.

한꺼번에 장시간 연습하는 것보다는 매일 10분이라도 치며 감각을 잃지 않는 것이 중요하다.

⑤ 기타를 내 몸과 같이 사랑해야 한다.

기타연주를 자주 듣고 또한 음악을 많이 듣는 것도 기타를 사랑하는 길이라 생각한다.

◙ 좋은 기타를 고르는 법

① 널리 인정받고 있는 기타 제작가의 제품을 선택한다.

② 기타의 생명은 네크다. 네크가 휘어지지 않았나 꼭 살펴보아야 한다.

③ 각자의 키와 신체에 맞게 구입하는 것이 좋다.

④ 개방현의 음과 12프렛의 하모닉스 음이 일치하는가 잘 감정하고 구입해야 한다.

초보자는 확인하기 어려운 부분으로 연주를 하는 전문가에게 부탁하는 것이 좋다.
⑤ 네크와 줄사이가 많이 뜨지 않는 것을 구입하고 앞판은 통판(스프르스)이 소리가 좋다.

◙ 기타를 잘 관리하는 법

① 기타는 심한 습기나 열, 충격, 직사광선등을 피해서 보관해야 한다.
② 악기를 옮기거나 케이스에 넣고 꺼낼 때 부딪치지 않도록 한다.
③ 연주나 연습 후에는 마른 헝겊으로 악기 전체를 깨끗이 닦아 둔다.
   특히 지판은 땀이 많이 묻는 곳이므로 매우 잘 닦도록 한다.
④ 장마철에는 케이스를 가끔 햇빛에 쪼이고 속에 방습제를 넣어 두면 좋다.
⑤ 한 달에 한 번 정도 줄감개에 기름(글리스)을 쳐 주도록 한다.
⑥ 기타의 줄은 매일 쓰는 것은 풀어두지 않지만 장시간 사용하지 않을 경우 2~3회 풀어서 보
   관하면 기타 네크가 보존되므로 오랫동안 사용할 수 있다. 현대 기타는 네크에 쇠가 들어가
   있으므로 네크가 견고하다.
⑦ 기타줄의 교체는 3개월 정도가 좋으며 가급적 전체를 갈아끼우는 것이 소리에 좋다.
⑧ 기타(수제품)는 주인과 오래동안 사귀면서 서로의 성격과 체질이 닮게 되므로 기타의
   길을 잘 드려야 좋다.

◙ 기타 연주자세

① 클래식기타는 발판을 사용하여 왼쪽발을 올려놓고 치지만 통기타는 가장 편한 자세로 연주
   하는 것이 좋다.
   클래식 경우
   ● 높이 45㎝정도(키에 따라 조절)의 의자에 기대지 말고 자연스럽게 앉는다.
   ● 왼발을 높이 15~20㎝정도의 발판에 올려 놓고 그 무릎 위에 기타의 울림통중 허리를
      엊어 놓도록 한다.
   ● 오른다리는 60~70°가량 벌리고 오른발을 약간 뒤로 당기도록 한다.
② 기타의 머리 부분이 위쪽으로 향하면 코드를 잡는데 유리하다.
③ 기타의 앞판이 정면을 향하도록 한다.
④ 기타를 몸에 밀착시켜서 안도록 해서 연주한다.
⑤ 오른손은 손목에 힘을 뺀 상태에서 자연스럽게 울림구멍 부근에 놓도록 한다.
⑥ 고개를 너무 숙이지 않도록 주의해서 연주해야 한다.

◙ 기타 각 부분 이름

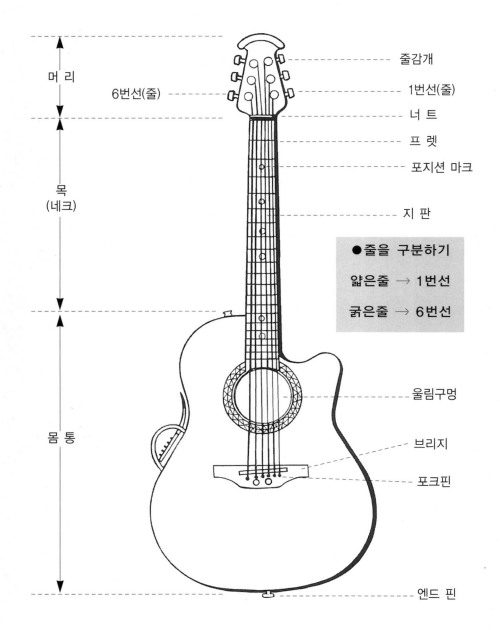

머리

6번선(줄)

목
(네크)

몸 통

줄감개

1번선(줄)

너 트

프 렛

포지션 마크

지 판

●줄을 구분하기
얇은줄 → 1번선
굵은줄 → 6번선

울림구멍

브리지

포크핀

엔드 핀

핵심 **꼭 알아야 할 부분**
① 너트 - 기타의 머리부분과 1프렛 사이를 잡고자 할 때 중간부분이다.
② 기타줄 - 고음(1・2・3번선)과 저음(4・5・6번선)을 구분해야 한다.
③ 줄감개 - 조율을 할 때 기타줄과 줄감개 연결부분을 익히기 위해서다.
④ 프렛 - 코드를 잡을 때 프렛을 알아야 위치와 운지법이 쉽다.

◎ 줄(통기타, 클래식기타)을 교체하는 방법

핵심 ① 현대기타는 줄을 브리지쪽에서 끼우는 것이 많다.
② 통기타 줄은 3개월에 한 번 정도 교체하는 것이 좋다.
② 클래식은 줄 영향이 많으므로 좋은 줄을 쓰도록 한다.

통 기 타

보통 머리쪽은 같으나 브리지 부분이 두가지 모양으로 나오는데
① 포크핀을 사용하는 기타   ② 그냥 줄을 끼우는 기타로 구분할 수 있다.

포크핀을 사용하는 기타

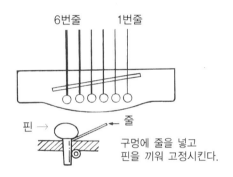

핀 →   ← 줄
구멍에 줄을 넣고
핀을 끼워 고정시킨다.

줄 끼우는 기타

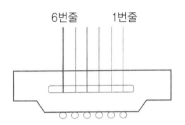

핵심 요즘에 나오는 기타는 거의 줄을
브리지쪽에서 끼우는 것이 많다

줄 감 개 (통기타)

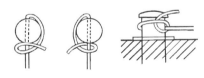

줄 감 개 (클래식)

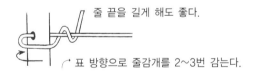

줄 끝을 길게 해도 좋다.

⌒ 표 방향으로 줄감개를 2~3번 감는다.

클래식 기타

브리지의 구멍으로 줄을 넣어 다음 순서대로 매듭을 짓도록 한다.

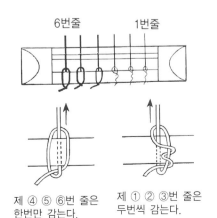

제 ④ ⑤ ⑥번 줄은
한번만 감는다.

제 ① ② ③번 줄은
두번씩 감는다.

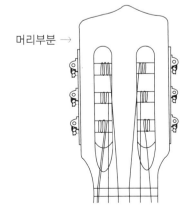

머리부분 →

▣ 코드 네임 읽는 법

① 영어로 읽어라.
② 왼쪽에서 오른쪽으로 읽어라.
   예) A(에이), Am(에이 마이너), Am7(에이 마이너 세븐)

◆ A코드를 예로 들어서 읽어보자.

A	에이 메이저 (보통 에이라고 함)
Am	에이 마이너
A7	에이 세븐
Am7	에이 마이너 세븐
Amaj	에이 메이저(AM으로 표기하기도 함)
Amaj7	에이 메이저 세븐(AM7, A△7으로 표기함)
Asus4	에이 서스 포(에이 서스펜디드 포)
A #	에이 샾
A ♭	에이 플렛
A ♭m	에이 플렛 마이너
A ♭m7	에이 플렛 마이너 세븐
A6	에이 식스
Am6	에이 마이너 식스
A+	에이 오그먼트(Aaug라고도 씀)
Adim	에이 디미니쉬(A°로 표기함)
A7+5	에이 오그멘티드 세븐스(Aaug7로도 표기함)
A7-5	에이 세븐스 플렛 파이브
A7 $_{+5}^{-9}$	에이 세븐스 플렛 파이브 플렛 나인
A7 $_{+5}^{-9}$	에이 오그멘티드 세븐스 플렛 나인

실제 찬양 연주시 많이 사용되는 코드는?
   A(에이), m(마이너), 7(세븐), #(샾), ♭(플렛), M(메이져), sus(서스)는
   기본으로 알고 있어야 한다.

◎ 피크의 모든 것

핵심

① 피크는 두께에 따라 3종류로 구분한다.

　가장 두꺼운 것 : 헤비(Heavy), 중간정도 : 미디엄(Medium), 제일 얇은 것 : 신(Thin)

② 헤비피크 : 크고 강한 안정감있는 음을 만들지만 피크가 딱딱하므로 많은 숙달이 필요하다.

　미디엄피크 : 미디엄과 신의 중간 정도의 음색을 낼 수 있으므로 많이 사용한다.

　신피크 : 가장 부드러운 피크이므로 초보자가 쓰기에는 좋다.

③ 큰 피크는 리듬 스트로크에 알맞고 작은 피크는 멜로디 연주에 적합하다.

④ 섬 피크와 핑거 피크는 스리핑거 주법에서 사용된다.

　섬 피크는 엄지손가락에만 사용되며 핑거 피크는 집게손가락과 가운데손가락에 사용된다.

◎ 피크 잡는 법

원리　오른손 검지손가락 위에 피크를 살짝 올려놓고 엄지로 살짝 눌러서 잡는다.

　　　피크의 1/3~1/2 정도 손가락 밖으로 나오게 잡는다.

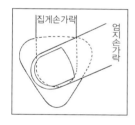

피크의 1/2 ~ 1/3 정도 손가락 밖으로
나오게 잡는다.

◎ 섬 피크와 핑거 피크

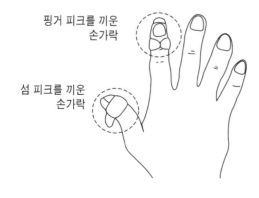

◎ 악 전

● 5 선
음 높이를 나타내기 위해 사용되는 5개의 줄을 말한다.

넷째간 ··········
셋째간 ··········
둘째간 ··········
첫째간 ··········

·········· 다섯째줄
·········· 넷째줄
·········· 셋째줄
·········· 둘째줄
·········· 첫째줄

● 덧 줄
5선만으로는 음높이를 다 적을 수 없을 때 5선의 위 또는 아래에 사용하는 줄을 말한다.

윗 덧줄

아랫 덧줄

● 음이름
음악에 쓰이는 여러 음에는 각각 고유의 이름이 있다. 다음 7음은 그 기본이 된다.

음이름 – 한 국	다	라	마	바	사	가	나	(다)
이탈리아	도	레	미	파	솔	라	시	(도)
독 일	C	D	E	F	G	A	B	(C)
	체	데	에	에프	게	아	하	
영 미	C	D	E	F	G	A	B	(C)

● 음자리표
음자리표에 따라서 음의 자리가 달라진다. 널리 쓰이는 음자리표는 다음 3가지이다.

높은음자리표   낮은음자리표   가온음자리표

● 높은음자리표와 음이름 및 계이름

● 음표와 쉼표

음표는 음의 길이를 나타내는 표이며, 쉼표는 '소리없는 음'의 길이를 나타내는 표이다.

온음표		온쉼표
2분음표		2분쉼표
4분음표		4분쉼표
8분음표		8분쉼표
16분음표		16분쉼표

● 점음표와 점쉼표

하나의 음표에다 또 하나의 음표를 덧붙여 써야 할 때, 앞 뒤 음표의 길이의 비율이 2:1일 경우
는 뒤의 것을 점으로 나타낸다.

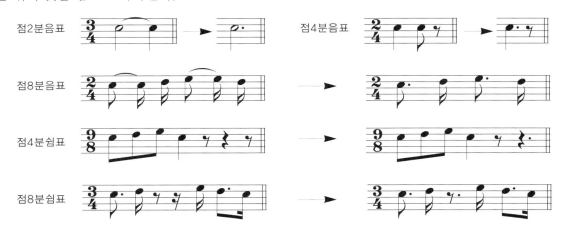

점2분음표 점4분음표 점8분음표 점4분쉼표 점8분쉼표

● 잇단음표

2등분 또는 4등분되어야 할 음표를 3등분 또는 6등분하여 쓰는 때가 있다.
이러한 변칙적인 음표를 잇단음표라 한다.

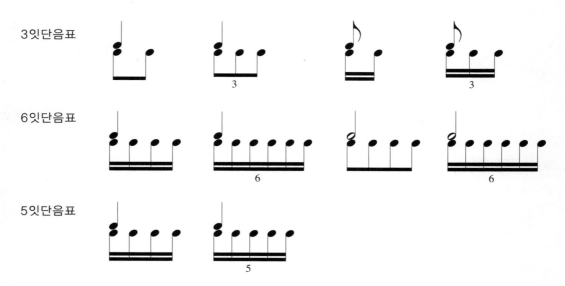

● 변화표(임시표)

악곡 도중에서 나오는 올림표 (♯), 내림표(♭), 제자리표(♮)는 이를 모두 변화표 또는 임시표라고 한다. 임시표의 효력은 한 마디 안에서만 작용하고 마디가 바뀌면 자동적으로 그 효력이 해소된다. 변화표에는 이 밖에 겹올림표(𝄪), 겹내림표(♭♭)도 사용된다.

♯ (올림표) ─────── 반음 올린다.

♭ (내림표) ─────── 반음 내린다.

𝄪 (겹올림표) ─────── 온음 올린다.

♭♭ (깁내림표) ─────── 온음 내린다.

♮ (제자리표) ─────── 본래의 음으로 되돌린다.

18

● 스타카토, 슬러, 레가토, 테누토

현대 음악에는 여러 가지 규약이 있는 바 이 규약을 정확하게 지키기 위하여 다음과 같은 기호를 쓴다.

① 스타카토(Staccato) : 음을 짧게 끊어서 연주한다.

② 슬러(Slur) : 높이가 다른 둘 이상의 음을 잇는 호선을 말한다.

③ 레가토(Legato) : 슬러로 이어진 음을 부드럽게 이어서 연주하는 것을 말한다.

④ 테누토(Tenuto) : 한음 한음의 길이를 충분히 끌어서 연주하는 주법을 말한다.

● 조 표

조표는 한 악곡의 성격을 정하는 것으로서 음자리표 바로 다음에 적어 넣는다. 조표에는 올림조표(♯)와 내림조표(♭) 각각 7가지씩 14가지가 있다.

● 박자표

규칙적으로 반복되는 음의 셈여림을 박자(리듬)라고 한다. 박자는 크게 다음 3가지 계열로 나누며 그것을 세분하기 위해 여러 가지 박자표를 사용한다.

계열 \ 구분	홑 박 자	겹 박 자
2 박 자 계	$\frac{2}{4}$ $\frac{2}{2}$ $\frac{2}{8}$*	$\frac{6}{8}$ $\frac{6}{4}$*
3 박 자 계	$\frac{3}{4}$ $\frac{3}{2}$ $\frac{3}{8}$	$\frac{9}{8}$ $\frac{9}{4}$
4 박 자 계	$\frac{4}{4}$ $\frac{4}{2}$ $\frac{4}{8}$*	$\frac{12}{8}$ $\frac{12}{4}$*
섞 은 박 자	$\frac{5}{4}$ $\frac{2}{4}$ $\frac{3}{4}$	$\frac{7}{4}$ $\frac{3}{4}$ $\frac{4}{4}$

* 표가 붙은 박자표는 드물게 또는 매우 드물게 쓰이는 것이다.

● 도돌이표

연주순서 : A → B → C → D → A → B → C → D

연주순서 : A → B → C → D → C → D

연주순서 : A → B → C → D → A → B → C → E

연주순서 : A → B → C → D → E → F → G → H → A → B → C → D

연주순서 : A → B → C → D → E → F → G → H → C → D

연주순서 : A → B → C → D → A → B → E → F

▣ 기초 악상 기호

D.C.	다 카포(da copo)	곡의 첫머리로 돌아가라는 기호
D.S.	달 세뇨(dal segno)	𝄋 로 돌아가라는 기호
Fine	피네(fine)	곡의 마침를 나타내는 기호
⌢	늘임표(fermata)	음표를 2~3배 늘이라는 기호
>	악센트(accent)	그 음을 강하게 치라는 기호
rit	리타르단도(ritardando)	점점 느리게 하라는 기호
⊕	코다(coda)	⊕ 에서 ⊕ 로 건너뛰는 기호
{	라스게아도(rasgueado)	p,i,m,a 순서로 빠르게 내리라는 표시
3잇단음표	3잇단음표(triplet)	1 개음표(또는 2개 음표)를 3등분한 것
•	스타카토(staccato)	음을 짧게 끊어서 연주하는 기호
repeat & F.O.	리피드 앤드 페이드 아웃	반복하는 가운데 점차적으로 소리를 작게 하면서 연주를 마치라는 기호
1. 2.	도돌이표(repeat)	도돌이를 한 후 ⌐1. 은 안하고 바로 ⌐2. 로 건너뛰라는 기호
변 화 표	♯ (샵 : 반음올림표) ♭ (프렛 : 반음내림표) ♮ (네츄럴 : 제자리표)	

● 셈여림표

pp	피아니시모 (pianissimo)	아주 여리게
p	피아노 (piano)	여리게
mp	메조 피아노 (mezzo piano)	좀 여리게
mf	메조 포르테 (mezzo forte)	좀 세게
f	포르테 (forte)	세게
ff	포르티시모 (fortissimo)	아주 세게
fp	포르테 피아노 (forte piano)	세게, 곧 여리게
sfz	포르찬도 (forzando)	특히 세게
sf	스포르찬도 (sforzando)	특히 세게
cresc	크레센도 (crescendo)	점점 세게
decresc	디크레센도 (decrescendo)	점점 여리게
dim.	디미누엔도 (diminuendo)	점점 여리게

● 빠르기말

Largo	아주 여리게
Larghetto	좀 느리게
Lento	느리게
Adagio	천천히
Andante	느린 걸음의 빠르기로
Andantino	안단테보다 빠르게
Allegretto	좀 빠르게
Allegro	빠르게
Presto	아주 빠르게
Prestissimo	프레스토보다 빠르게

▣ 튜닝(Tuning : 조율) 방법

튜닝은 기타를 연주하기 전에 가장 중요한 작업이다. 튜닝이란 음을 맞추는 일로서 기타의 음이 정확히 조율이 되어 있지 않으면 듣는 사람들에게 불쾌감을 줄 수 있다. 또한 튜닝이 바르지 않을 경우는 찬양을 해도 음을 잡기 어렵고 잡음으로 들릴 수 있으므로 많은 연습이 필요하다.

튜닝을 잘하기 위해서는 기타의 개방음(미·라·레·솔·시·미)을 외우고 피아노에서 개방음 절대음을 자주 들어보도록 한다. 과거에는 피치파이프나 소리굽쇠 또는 하모니까, 멜로디언으로 간단히 맞추는 작업을 많이 했지만 현대 기타에서는 전자조율기를 쓰는 방법이나 기타 자체에 전자조율기가 내장되어 나오므로 그러한 기타를 구입하는 것도 효과적인 방법이다.

여기서는 비교적 간단한 방법으로 조율하도록 한다.

1 피치 파이프(조율피리1구-A음)를 사용하여 조율하도록 한다.

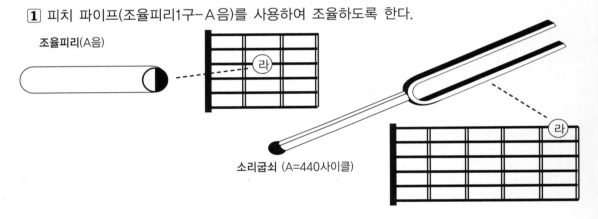

조율피리(A음)

소리굽쇠 (A=440사이클)

2 피치 파이프(조율피리6구)를 사용하여 기타줄 전체를 맞추도록 한다.

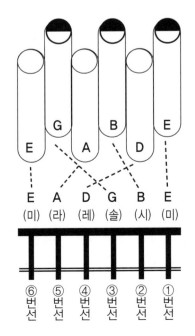

E A D G B E
(미) (라) (레) (솔) (시) (미)

⑥ ⑤ ④ ③ ② ①
번 번 번 번 번 번
선 선 선 선 선 선

3 조 율

1. 개방음(줄을 누르지 않은 음)을 먼저 외우도록 한다.
   (6번줄-미, 5번줄-라, 4번줄-레, 3번줄-솔, 2번줄-시, 1번줄-미)
2. 피치파이프(조율피리)나 소리굽쇠를 준비한다(절대음이 필요함).
   요즈음은 조율기(전자조율기)가 있으므로 더욱 쉽게 조율할 수 있다.
3. 줄을 조율할 때 실제로 고음쪽이 약간 높이 들릴 정도로 조율한다.

▶ **가장 많이 쓰는 피치파이프(pitch pipe)를 통한 조율방법**

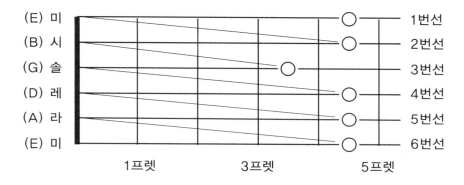

① 조율피리를 불면서 5번줄 개방음을 정확히 라(A)음으로 맞춘다.
② 5번줄 5프렛을 누르고 퉁기면 레(D)음이 나오는데 4번줄 개방음과 맞춘다.
③ 4번줄 5프렛을 누르고 퉁기면 솔(G)음이 나오는데 3번줄 개방음과 맞춘다.
④ 3번줄 4프렛을 누르고 퉁기면 시(B)음이 나오는데 2번줄 개방음과 맞춘다.
⑤ 2번줄 5플렛을 누르고 퉁기면 미(E)음이 나오는데 1번줄 개방음과 맞춘다
⑥ 6번줄은 5프렛을 누르고 조율피리를 불면서 맞춘다(계이름으로 맞추어도 됨).

4 개방음과 피아노의 관계

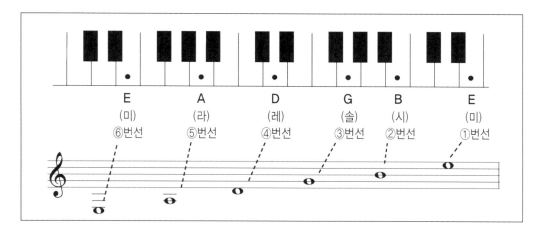

▣ 음 이름

핵심 ① 음에는 그 높이에 따라 부르는 고유의 이름이 있다.
② 음악에 쓰여지는 모든 음은 7개의 음을 위, 아래로 반복하여 쓴다.
   파퓰러 음악에서는 '도, 레, 미, 파 …'를 사용하지 않고 주로 'C, D, E, F, …'의
   영어 표기법을 사용한다.
③ 우리가 일반적으로 부르는 음의 이름은 이탈리아어이다.

(이탈리아)	도	레	미	파	솔	라	시	도
(우리나라)	다	라	마	바	사	가	나	다
(미국·영국)	C	D	E	F	G	A	B	C

* 위의 7개 음을 '원음 음이름'이라고 하며 사이 사이의 반음은 원음 음이름에
  샵(sharp : ♯) 또는 플랫(flat : ♭)을 붙여서 부른다든가 표기한다.

■ **major(메이저) : 장화음** A, D, E, … 등으로 표기하며 읽을 때는 A → 에이,
D → 디, E → 이, … 등으로 읽는다.

■ **minor(마이너) : 단화음** Am, Dm, Em … 등으로 표기하며 읽을 때는
Am → 에이 마이너, Dm → 디 마이너 … 등으로 읽는다.
* 장화음인 A, D, E … 등 옆에 소문자「m」을 붙여서 표기함.

■ **seventh(세븐스) : 7화음** 장화음 또는 단화음에 3도음을 덧붙인 화음을 말한다.
(예 : A7, D7, Am7, Dm7 … 등)
* 장화음 또는 단화음 우측에「7」을 붙여서 표기하며
A7 → 에이 세븐스, Am7 → 에이 마이너 세븐스 … 등으로 읽는다

(장조의 주요 3화음)

▣ 기본 음계

핵심 1. 개방음(6번선→1번선) 〈미, 라, 레, 솔, 시, 미〉를 외운다

2. 왼손누리기 요령은 1프렛(파, 도)은 1번손가락으로, 2프렛(시,미,라)은
   2번손가락으로 3프렛(솔,도,파,레)은 3번손가락으로 눌러준다.

3. 1프렛은 반음 2프렛은 온음으로 구성되어 있다.

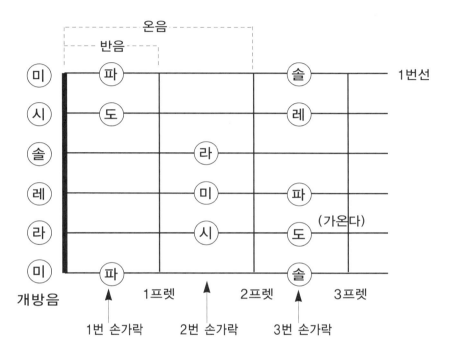

● 음계 연습

	미 파 솔	라 시 도	레 미 파	솔 라	시 도 레	미 파 솔 라
프렛 번호 →	0 I III	0 II III	0 II III	0 II	0 I III	0 I III V
손가락 번호 →	0 1 3	0 2 3	0 2 3	0 2	0 1 4	0 1 4 1
					(3)	(3)

예를 들어 ⑥번선에서 미, 파, 솔의 3개 음을 치게 되어 있는데 손가락으로 '파'는 1로, '솔'은 3으로 짚는다는 표시이다.
위의 왼손가락 번호는 특별한 경우를 제외하고는 거의 변하지 않으므로 완전히 이해하고서 본격적 연습에 임하기 바란다.

  * ②번선의 '레'와 ①번선의 '솔'은 3번 손가락으로 짚는 것이 일반적인 예이나, 숙달된 경우에는
     4번 손가락으로 짚는 것도 좋다.

▣ 카포(capodasto) 사용 방법

핵심

1. 카포(스페인어의 카포타스토를 줄인 말)는 기타의 여섯 줄을 눌러서 고정시켜 주는 기구로 코드 전체의 음정을 옮기는 역활을 한다.
2. 카포의 이용법은 크게 2가지가 있다.
   ① 누르기 어려운 코드를 누르기 쉽게 하기 위해서 이용한다.
      예) 내림나장조인 경우 : 주요 3화음 - Bb , Eb , F7
         이 경우 1프렛에 카포를 끼우면 오픈코드(개방현을 포함한 코드)의 A, D, E7을 누르지만 음 자체는 Bb , Eb , F7가 되는 것이다. (그림1)
   ② 기타 2대로 합주할 때 2대 모두 같은 방법으로 연주를 하면 재미가 없으므로 한 대는 오픈 코드로 플레이 하고 다른 한 대는 카포를 끼워 (그림2)와 같이 코드(하이코드)를 친다.
      예) 1기타는 오픈코드의 C, F, G7을 치고 2기타는 3프렛에 카포를 끼우고 A · D · E7으로 플레이 한다. 이렇게 연주하면 더욱 멋진 음색을 즐길 수 있고 음의 폭도 넓게 느껴진다.
3. 카포를 많이 사용하는 곡들은 주로 찬송가이므로 꼭 카포를 준비하여 쓰도록 한다.

그림 1

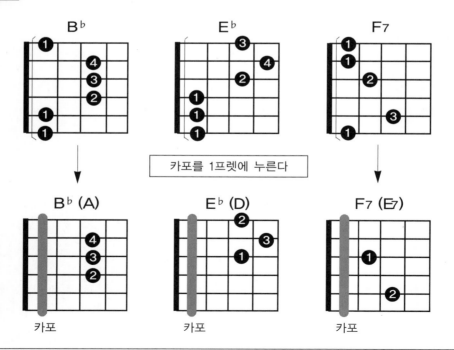

* 카포를 끼우는 위치는 프렛과 프렛사이에 끼운다. 프렛위에 올려놓으면 안된다.

그림 2

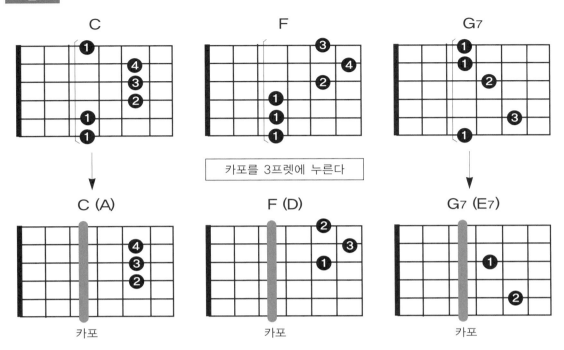

카포를 3프렛에 누른다

● 카포 응용법

① 카포를 끼워 이용할 수 있는 오픈 코드로는 메이저 키(장조)에서는 C・D・E・G・A의
5종류와 마이너 키(단조)에서는 Dm・Em・Am의 3종류가 있다.

② 여러 조의 응용법은 아래 그림과 같이 참고하되 표 중에 숫자는 카포를 끼우는 프렛의
위치를 나타내고 3이라고 적혀 있으면 3프렛에 카포를 끼운다는 의미다.

카포의 위치 : 메이저 키(장조)

연주＼키	C	C#/Db	D	D#/Eb	E	F	F#/Gb	G	G#/Ab	A	A#/Bb	B
C	0	1	2	3	4	5	6	7	8	9	×	×
D	×	×	0	1	2	3	4	5	6	7	8	9
E	8	9	×	×	0	1	2	3	4	5	6	7
G	5	6	7	8	9	×	×	0	1	2	3	4
A	3	4	5	6	7	8	9	×	×	0	1	2

카포의 위치 : 마이너 키(단조)

연주＼키	Dm	D#m/Ebm	Em	Fm	F#m/Gbm	Gm	G#m/Abm	Am	A#m/Bbm	Bm	Cm	C#m/Dbm
Dm	0	1	2	3	4	5	6	7	8	9	×	×
Em	×	×	0	1	2	3	4	5	6	7	8	9
Am	5	6	7	8	9	×	×	0	1	2	3	4

27

◉ 컴비네이션 피킹연주

핵심

1. 스트로크 주법중 하나로 저음(4·5·6번선)에서 한 음(으뜸음)과 고음(1·2·3번선)의 코드를 함께 짜맞춘 연주법이다.
2. 저음을 강하게 치기 위해서 프렛 피크를 사용한다.
3. 엄지손가락(P)으로 으뜸음(4·5·6번선중 하나)을 엄지손가락(P)으로 치는 경우 다음 줄에 닿을 정도로 힘있게 친다.

1박→P로 으뜸음을 친다
   (예: D코드→4번선).
2박→i·m·a로 ③·②·①번선을
   동시에 친다.
3박→P로 으뜸음을 친다.
4박→i·m·a로 ③·②·①번선을
   동시에 친다.

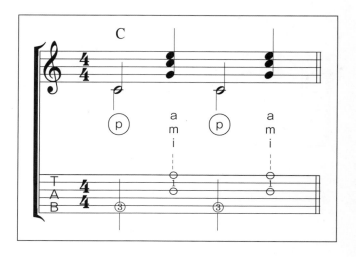

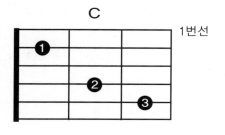

● **A코드 연결 연습**

핵심 베이스 음(으뜸음)을 눈으로 안보고 칠 수 있을 정도로 반복연습을 많이 하도록 한다.

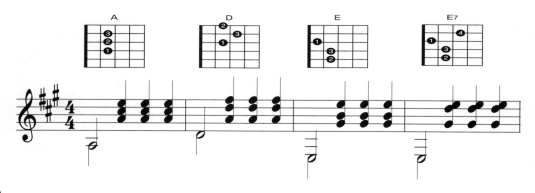

새친구 환영송

이 재 삼 사 • 곡

컴비네이션 피킹 연습곡

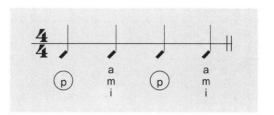

우 리 친 구 길 을 잃 고 헤 멜 때 에

생 명 되 신 예 수 님 우 릴 인 도 해

말 씀 과 기 도 로 훈 련 받 아 서

예 수 님 을 닮 아 가 게 하 소 서

코드 안내

□ 손가락 기호

● 왼 손

왼손에서는 엄지손가락은 네크 뒤를 잡아주므로 잘 사용하지 않는다.

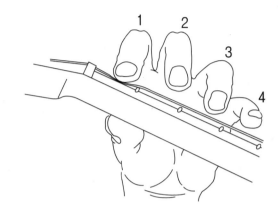

왼손가락
1 : 집게손가락
2 : 가운데손가락
3 : 약손가락
4 : 새끼손가락

● 오른손

오른손에서는 새끼손가락(ch)은 아르페지오 연주시 사용하지 않는다.

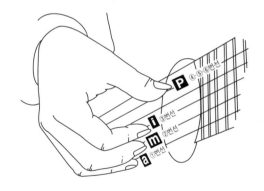

오른손가락
p : 엄지손가락
i : 집게손가락
m : 가운데손가락
a : 약손가락
ch : 새끼손가락

● 아르페지오 오른손 모양

손목과 줄사이의 간격은 주먹이 들어갈 정도로
여유있게 띄고 손목은 고정시킨채 손가락은
줄에 대해서 직각을 유지하는 것이 좋다.

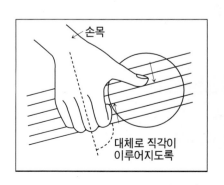

▣ 소리를 정확히 내는법

핵심

① 지판에 왼손가락이 수직이 되도록 눌러야 하며 손톱은 짧게 깍는다(그림 1).
② 지판에 왼손가락을 누를 때 다른 줄에 닿지 않도록 한다(그림 2).

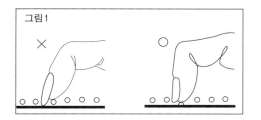

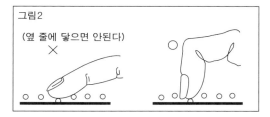

▣ 알아이레와 아포얀도 주법

핵심

① 아포얀도(apoyando)주법
  아포얀도란 뜻은 '기댄다' 라는 뜻으로 줄을 친 손가락이 다음 줄에 머무는 주법이다.
  (그림 1)
② 알 아이레(al aire)주법
  줄을 친 손가락이 다음 줄에 대지않는 동작을 말하며 뜻은 '공간을 항해서' 란 뜻이다.
  (그림 2)

그림 1
아포얀도

그림 2
알 아이레

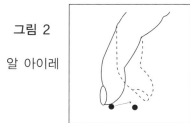

● 오른손 퉁기는 법

엄지 p가 손 바깥쪽으로 나와야 한다.

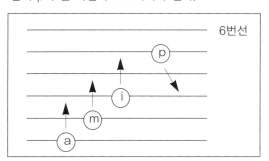

● 바 코드를 누르고 있는 모양

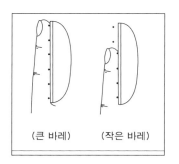

(큰 바레)   (작은 바레)

▣ 타브(탭, TAB)악보 보는 법

핵심
① 기타로 음정을 치다보면 같은 음정의 음을 여러곳에서 연주할 수 있기 때문에 오선
   악보로 정확한 음을 찾기가 어렵기 때문에 타브 악보에서는 모든 음이 줄과 프렛에
   직접 표시되어 있으므로 한 눈에 쉽게 알 수 있다.
② 타브 악보는 줄(현)위에 누르는 위치를 숫자로 표기하고 여기에 음표의 길이를
   나타낸 악보를 말한다.
③ 음표를 읽을 수 없는 사람에게 좋지만 타브악보만 의존하면 기존 악보를 보는데
   어색해 질 수 있다.

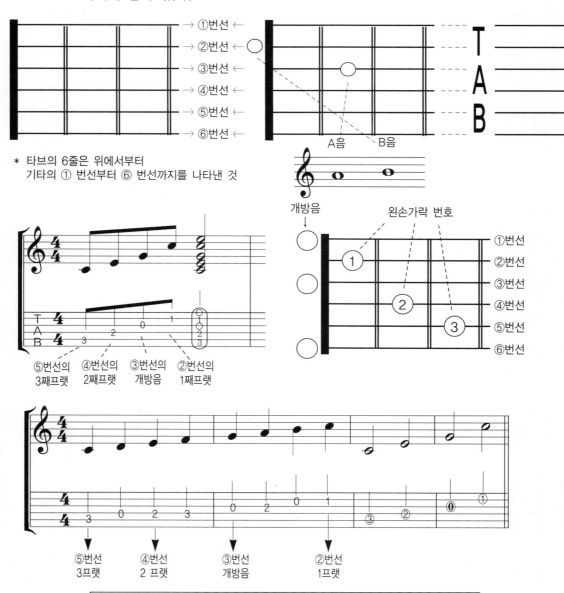

* 타브의 6줄은 위에서부터
  기타의 ① 번선부터 ⑥ 번선까지를 나타낸 것

⑤번선의   ④번선의   ③번선의   ②번선의
3째프렛   2째프렛   개방음   1째프렛

⑤번선   ④번선   ③번선   ②번선
3프렛   2 프렛   개방음   1프렛

* 타브 악보의 숫자는 왼손가락 번호가 아니고 프렛의 번호를 말함.

▣ 코드표 보는 법

핵심

① 코드표란 프렛 · 너트 · 줄이 표시된 기타의 지판을 그림으로 나타내어 여기에 코드의
   포지션을 기입한 것을 말한다.

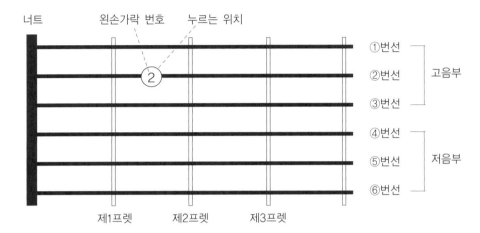

▣ 코드 잡는 법

핵심 ① 왼손가락 번호를 알아야 한다.
     ② 프렛 번호를 알아야 한다.
     ③ 기타줄 번호를 알아야 한다.

● **Em와 D 코드를 예로 들어서 눌러 보자**

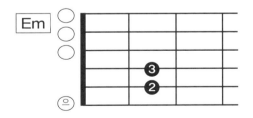 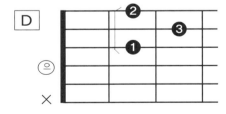

● Em코드에서는 가운데손가락(2번손)과 약손가락(3번손)을 세워서 누른다.
● D코드에서는 집게손가락(1번손)으로 3번줄을 가운데손가락(2번손)은 1번줄을, 약손가락(3번손)으로는 2번줄을
   세워서 동시에 누른다.
● 왼손으로 기타줄을 누를때는 가능한 프렛에
   가까운 곳이 깨끗한 음이 나온다.

   ㉮보다는 ㉯쪽을 눌러야 떨리지 않는 깨끗한 음이 나온다.

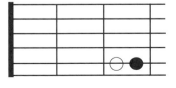

◎ 리듬 스트로크 주법

리듬스트로크란 왼손으로 코드를 누르고 정해진 리듬을 따라 기타줄을 치는 것이다.

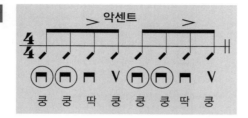

원리

초보자는 코드를 잡기 어렵기 때문에 다음과 같은 방법으로 연습하도록 한다.

1. 입·손·발을 동시에 사용하면서 리듬을 익힌다.
   - 입→쿵쿵딱쿵·쿵쿵딱쿵(고고 4/4박자 리듬인 경우).
   - 손→손바닥으로 박수를 4번 친다(4/4박자인 경우만).
   - 발→4번 바닥을 치되 악센트(>)에서는 강하게 바닥을 친다.

2. 칙칙이 주법으로 스트로크 연습을 하되 입으로 리듬을 읽으면서 동시에 한다.
   - 칙칙이 주법이란 왼손바닥을 기타줄 전체위에 가볍게 올려놓고 치는 방법이다.
   - 칙칙이 주법과 찬양이 맞으면 코드 연습을 하도록 한다.

3. 예비동작을 충분히 연습한다.
   - 코드패턴 연습을 많이 하도록 하며 동시에 코드를 잡았을 때 깨끗한 소리가
     나도록 해야 한다.
   - 코드를 옮기는 연습을 집중적으로 하도록 한다.
     초보자는 느린곡(예:왈츠나 슬로우고고)부터 연습하는 것이 좋다.

4. 실전곡을 기타로 직접 쳐보면서 악보를 안보고 칠만큼 연주하도록 한다.
   - 장조별로 기본 코드흐름을 익히도록 한다.
   - 한 곡을 가지고 많이 반복하도록 한다.

다운 스트로크

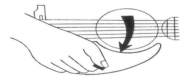

6번줄에서 1번줄 쪽으로
내려치는 방법
(저음→고음으로)

업 스트로크

1번줄에서 6번줄 쪽으로
올려치는 방법
(고음→저음으로)

◎ 리듬 악보 잘보기

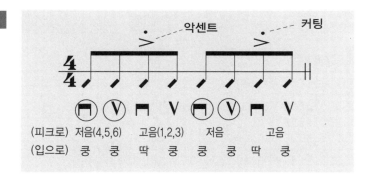

원리

1. ┌┐ · ↓ (다운 스트로크) : 저음(4 · 5 · 6)에서 고음(1 · 2 · 3)으로 친다.
   ∨ · ↑ (업 스트로크) : 고음(1 · 2 · 3)이서 저음(4 · 5 · 6)으로 친다.

2. (┌┐) (∨) : 저음(4 · 5 · 6)을 치도록 한다.
   * ○ 표시가 있는 곳만 저음을 치도록 한다

   ┌┐ ∨ : 고음(1 · 2 · 3)을 치도록 한다.
   * ○ 표시가 없는 곳은 고음을 치도록 한다

3. 악센트(〉) : 그 음을 강하게 치도록 한다.
   프렛 피크를 을림통 끝까지 내려오도록 하면 소리를 강하게 낼 수 있다.
   * ᵛ〉 : 소리를 커팅하도록 한다.

4. 피크로 스트로크 대신 엄지손가락(P)이나 집게손가락(i)을 사용하여 연주하면 핑거주법이
   되지만 날카로운 소리는 조금 약할 수가 있다.

5. 스트로크 할 때 저음과 고음을 잘 구분해서 연주할 수 있도록 한다.

6. 악센트는 강하게 코드를 누를때는 왼손으로 꽉 누르고 수직을 유지하도록 하며 옆줄에
   손가락이 닿지 않도록 주의해야 한다.

7. 오른손으로 스트로크를 할 때는 대체로 손목을 쓰지만 팔뚝 전체를 이용하면 찬양연주시
   경쾌하게 보이므로 잘 배우도록 한다.

8. 초보자는 피크를 부드러운 것으로 사용하는 것이 좋다.

9. 실전곡을 치기전에 코드패턴 연습을 충분히 하도록 한다.

10. 초보자는 무엇보다도 코드를 잡았을 때 깨끗한 소리가 나도록 충분히 연습하는 것이
    제일 중요하다.

◙ 왈츠 스트로크 (Waltz Stroke)

패턴 1

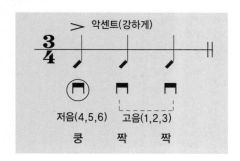

패턴 2

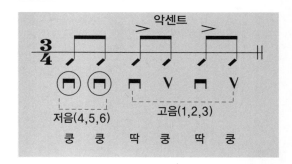

핵심

1. 왈츠는 3/4박자・6/8박자・6/4박자・9/8박자의 곡을 연주하는 패턴이다.

2. 패턴 1 은 3/4박자・6/8박자・ 빠른곡에 자주 사용되며 패턴 2 는 3/4박자・6/8박자 느린곡에 사용되는 패턴이다.

3. 연습하는 방법은 ① 입・손・발로 리듬맞추기 ② 칙칙이주법으로 찬양맞추기 ③ 코드와 리듬 스트로크로 찬양하기 순서대로 한다.

● **칙칙이 주법이란?** – 왼손바닥을 기타줄 전체위에 가볍게 올려놓고 치는 방법이다.
　　　　　　　　　　　이때 왼손바닥이 지판에 꽉 눌러서 소리가 나면 안된다.

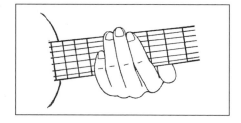

입으로 → 쿵짝짝(왈츠 3/4박자 경우)
손으로 → 칙칙이주법 (피크사용)
발 로 → 악센트(〉)는 발로 바닥을 친다.

● 왈츠 스트로크 응용

패턴 3

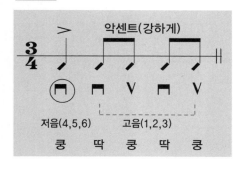

패턴 4

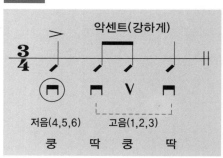

주님여 이 손을

주님 여 이 손 을 꼭잡 고 가소 서 -

약하 고 피곤 한 이몸 을 -

폭풍 우 흑암 속 헤치 사 빛으 로 -

손잡 고 - 날인 도 - 하소 서 -

코드 안내

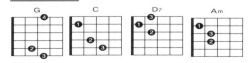

37

패턴 1

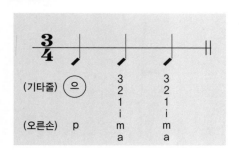

패턴 2

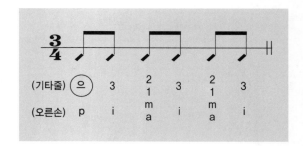

핵심

1. 아르페지오는 스트로크와 달리 음 하나 하나를 따로 나누어 치는 주법이다.
2. 아르페지오는 피크로도 칠 수 있지만 피크없이 손가락만을 사용하는 핑거주법이 더욱 풍부하고 다채로운 화음을 만들어 낸다.
3. 요령만 터득하면 악보에 얽매이지 않고 코드 네임만으로도 연주가 가능하다.

● 각 손가락이 담당하는 줄

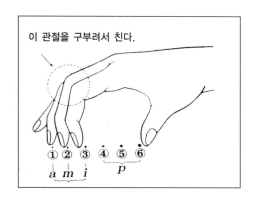

p (엄지손가락)·················4, 5, 6번줄
i (집게손가락)···············3번줄
m (가운데손가락)············2번줄
a (약손가락)···············1번줄

(2핑거, 3핑거에서는 p는 3번줄까지 친다)

● 왈츠 아르페지오 응용

패턴 3

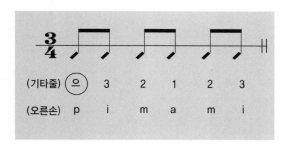

패턴 4

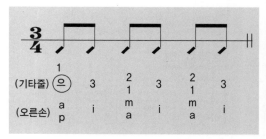

주의 장막이

왈츠 (3/4박자) 아르페지오

주의 장막이 어찌아름다운지요 - 내

영 · 이사모합 니 - 다 - 내

맘 다하여 주님 께 기도합니다

나 의 왕 나 의 주 께 -

Copyright© 1976 Scripture In Song/Integritys Hosanna! Music. Administered by CopyCare Korea.

코드 안내 ● → 으뜸음

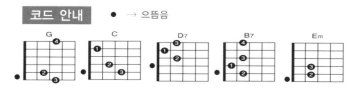

◎ 왈츠(6/8박자) 스트로크 · 아르페지오

스트로크 1

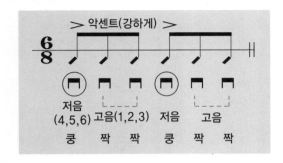

아르페지오 1

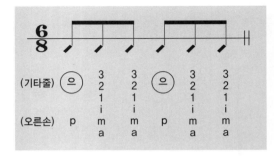

스트로크 2

아르페지오 2

스트로크 3

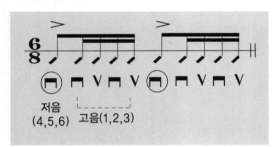

아르페지오 3

◎ 굿거리 리듬 (6/8박자)

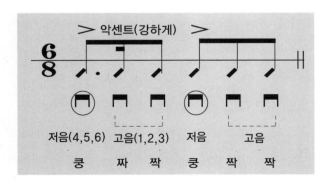

왈츠 6/8박자와 비슷한 모양이지만
첫머리에 부점(♪.) 들어갔으므로
우리나라 민요풍이 된다.
예) 예수님이 좋은걸

40

하나님 아버지 주신 책은

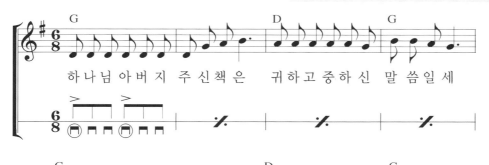

왈츠 (6/8박자) 스트로크

쿵 짝 짝 쿵 짝 짝

하나님 아버지 주신책은 귀하고중하신 말씀일세

기쁘고반가운 말씀중에 날사랑한단말 참좋도다

주나를사랑 하시오니 즐겁고도 즐겁도다

주나를사랑 하시오니 나는참기쁘다

코드 안내

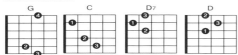

G   C   D7   D

41

▣ 슬로우 고고(Slow Go Go)

패턴 1

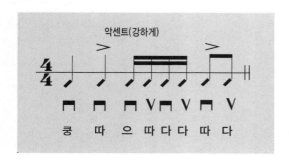

패턴 2

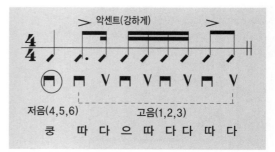

핵심

1. 슬로우 고고 리듬은 고고(Go Go)리듬을 느리게 치면 된다.

   (메드로놈 속도 ♩ = 72~92)

2. 슬로우고고를 빠른 스트로크 주법으로 치면 디스코나 소울 리듬이 된다.

   슬로우고고를 빨리 치면 4/4박자 빠른 곡에도 잘 어울린다.

3. 2박자 첫머리와 4박자 첫머리에 악센트(>)를 넣어 짧게 친다.

패턴 3

패턴 4

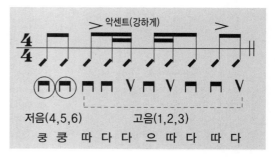

패턴 5

패턴 6

* 일명 샤프트 주법이라고도 한다.

42

오늘 집을 나서기전

슬로우고고 (4/4박자) 연습곡

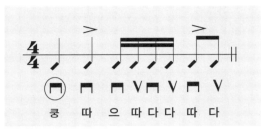
쿵 따 으 따 다 다 따 다

오 늘 집을 나서 기 전 기 도 했나 요

오 늘 받을 은총 위 해 기·도 했나 요

기 도 는 우리의 안 식 빛 으 로 인도하 리

앞 이 캄캄할 때 기 도 잊 지마시 오

코드 안내

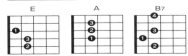

고개들어 주를 맞이해

슬로우고고 (4/4박자) 연습곡

쿵 따 다 으 따 다 다 따 다

고 개 들 어   주 를 맞 이 해

(찬 양 주님께영 광)
엎 드 리 어   경 배 하 며   찬   양

왕 의 위 엄 을   신 령 과 진   정 한

찬 양 으 로 영 광 돌 려 만 왕 의 왕 께

Copyright© 1974 Bud John Songs/BMG songs/EMICMP. Administered by CopyCare Korea.
All rights reserved. Used by permission.

코드 안내

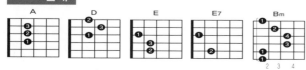

어머니의 넓은 사랑

슬로우고고 (4/4박자) 연습곡

어머니의넓은사 - 랑   귀하고도귀하다

그 사랑이언제 든 - 지   나를감싸줍니 다

내가울때어머니 - 는   주 께기도드리 고

내가기뻐웃을때 - 에   찬송부르십니 다

코드 안내

◎ 슬로우고고 아르페지오

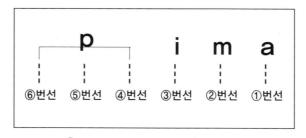

p → (으) : 으뜸음 • ④ ⑤ ⑥ 번선중 하나
예) c → 5번선, D → 4번선, G → 6번선

핵심

1. 아르페지오는 스트로크와 달리 음 하나 하나를 따로 나누어 치는 주법이다.
2. 슬로우고고 아르페지오는 주로 4/4박자 느린곡에 사용되고 2•3 핑거는 4/4박자 빠른곡에 사용된다.
3. 엄지손가락(P)이 퉁기는 베이스 음은 항상 강하게 퉁겨서 그 여운이 남도록 한다.

아르페지오 1

아르페지오 2

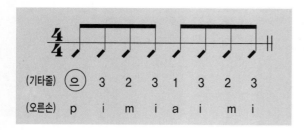

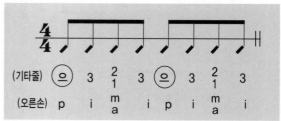

* 가장 많이 사용하는 패턴이다.

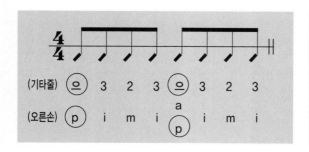

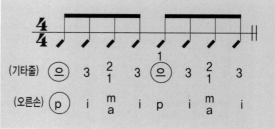

46

우물가의 여인처럼

슬로우고고 아프페지오 (4/4박자)

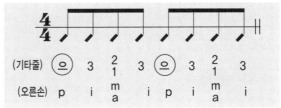

우물 가의 여인처 럼 난구 했네 - 헛되 고 헛된 것들 을

그 때 주님 하신 말씀 - 내 샘에 와 생 수를 마셔 라

오 - 주님 - 채우 소서 - 나의 잔 을 높이 듭니 다

하늘 양식 내게 채워 주소 서 넘치 도 록 - 채워 주소 서

코드 안내   ● → 으뜸음

47

◙ 고 고(Go Go)

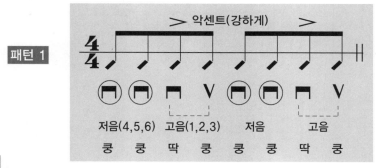

패턴 1

핵심

1. 고고리듬은 다른 말로 8비트(8Beat)라고 한다.

   8비트란, 4/4박자 1마디에서 8분음(♪)을 8번 치며 2박자 첫머리와 4박자 첫머리에
   악센트(>)가 붙는 리듬을 말한다.

2. 고고 리듬은 보통 박수를 치면서 부를 수 있는 속도의 노래다.

   (메트로놈 속도 : ♩ = 96~140)

3. 악센트(>)를 살리는 요령은 오른손 다운 스트로크시 지렛대 모양으로 힘을 주면서 울림통
   끝까지 내려준다. 박자 개념이 약한 사람은 칙칙이 주법을 하면서 실제 노래를 불러본다.

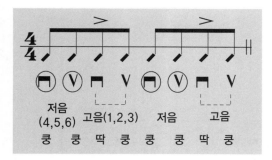

핵심 : 가장 많이 사용되는 고고리듬이므로 연습을
　　　 충분히 해야된다.

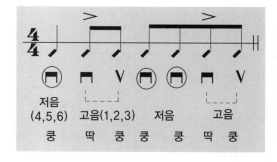

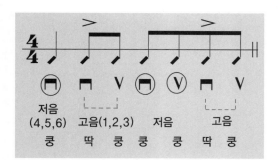

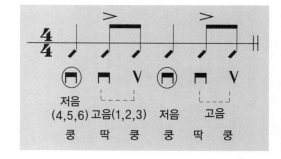

주님내길 예비하시니

고고(4/4박자) 연습곡

주 님 내 길 예 비 하 시 니 나 기 뻐 합 니 다

주 님 내 길 예 비 하 시 니 나 기 뻐 합 니 다

여 - 호 와 이 레 여 - 호 와 이 레

주 님 내 길 예 비 하 시 니 여 - 호 와 이 레

코드 안내

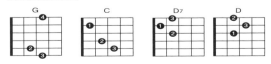

오 이 기쁨

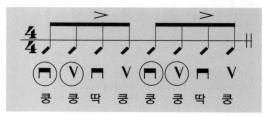

쿵 쿵 딱 쿵 쿵 쿵 딱 쿵

고고 (4/4박자) 연습곡

오 - 이 기쁨 - 주님 - 주신 것 -

오 - 이 기쁨 - 주님 - 주신 것 -

오 이 기쁨 - 주 님 주신 것 - 주 께

영광 할렐 루 - 야 - 주 만 찬양 해 -

코드 안내

50

예수 사랑하심은

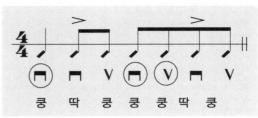

고고(4/4박자) 연습곡

예 수 사랑 하 심 은 거 룩 하 신 말 일 세

우 리 들 은 약 하 나 예 수 권 세 많 도 다

날 사 랑 하 심 날 사 랑 하 심

날 사 랑 하 심 성 경 에 써 있 네

코드 안내

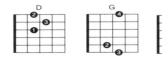

▣ 슬로우 록(Slow Rock)

패턴 1

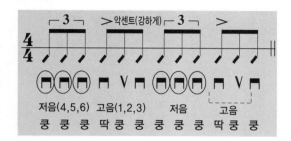

패턴 2

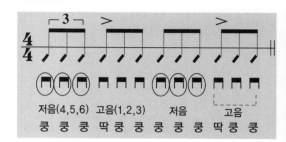

핵 심

1. 슬로우록은 4/4박자중 3잇단음표(♪♪♪)가 들어간 곡을 연주하는 패턴이다.
2. 노래는 느리지만 오른손 스트로크 주법이 많으므로 좀 지루할 수 있다. 그러나 악센트(>)를
   2박자 첫머리와 4박자 첫머리에 살리면 좋은 리듬이 된다.
3. 슬로우고고를 좀더 느리게 칠 경우 슬로우록으로 하면 되고 아르페지오로 연주해도 멋진
   하모니가 나온다.

패턴 3

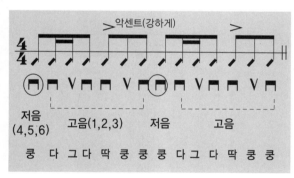

패턴 4

패턴 5

패턴 6

찬양하라 내 영혼아

슬로우록 (4/4박자) 연습곡

찬양하 라 내영혼 아 찬양하 라 내영혼
사랑하 라 네형제 를 사랑하 라 네형제

아 내 속에있는 것들아다 찬 양하 라
를 네 형제를내 몸같이다 사 랑하 라

코드 안내

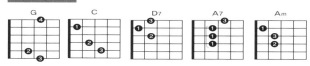

◎ 셔　플(Shuffle)

패턴 1

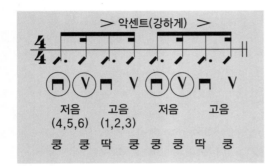

패턴 2

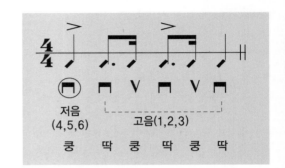

핵 심

1. ♩♪ 의 리듬은 실제 연주시 ♩₃♪ 으로 연주해야 한다.

2. 고고와 비교할 때 부점(♪)이 있는 곡은 셔플로 보아야 하며 저음과 고음을 잘 구분해서
   연주해야 한다.
   예) 손을 높이 들고, 우리 우리 주님은, 내 영이 주를, 보아라 즐거운 우리집등

3. 셔플리듬의 음표는 앞은 길고 뒤는 짧기에 보통 4비트처럼 들리기도 하며 일명 캥거루가
   뛰는 느낌을 주기도 한다.

패턴 3

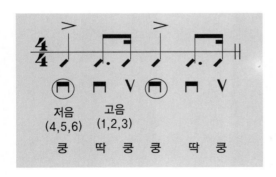

패턴 4

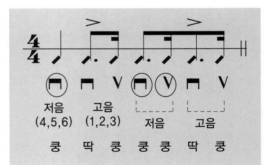

* 다운 스트로크 소리가 잘 들리도록 많이 연습해야 한다.

주 나의사랑 나 주의사랑

셔플 (4/4박자) 연습곡

주 나 의 사 랑 나 주의사랑 그 사랑은내기 쁨

주 나 의 사 랑 나 주의사랑 그 사랑은내기 쁨

주 나 의 사 랑 나 주의사랑 그 사랑은내기 쁨

그 사 랑 은 내 기 쁨 -

코드 안내

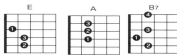

55

▣ 칼립소(Calypso)

패턴 1

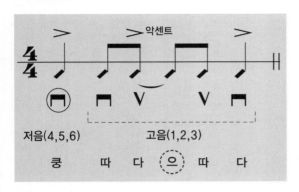

패턴 2

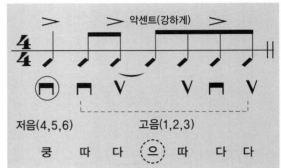

핵심

1. 고고리듬과 비슷하지만 3박자 첫마디가 스트로크시 헛스윙을 하면서 치고 악센트(>)가
   3곳에 있는 것이 특징이다.
2. 싱코페이션에서는 특히 3박자 첫마디는 쉬는 타이밍을 잘 유지해야 한다.
3. 4/4박자 곡들 중에서 박수치면서 부를 수 있는 곡, 앞 박자가 한 박자 된 것(또는 한박자
   쉬는 곡)에 잘 어울린다.
   예) 찬양이 언제나 넘치면, 나의 가장 낮은 마음등

패턴 3

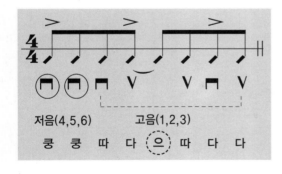

패턴 4

* 8비트 리듬으로 되어 있지만 4번째와 5번째음이 타이로 연결되어 있어
  리듬에 큰 변화를 준다(싱코페이션).

56

찬양이 언제나 넘치면

김석균 곡

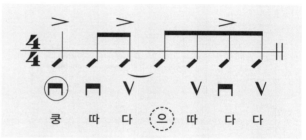

쿵 따 다 으 따 다 다

찬 양이 언제나 넘 치면 -   은혜로 얼굴이 환 해요-

성 령의 충만한 모 - 습을-   서 로 가 느 - 껴   요

할 렐루 할렐루 손 뼉 치-면서   할렐루 할렐루 소리 외 -치며

할 렐루 할렐루 두손 을-들고   주님을찬양해   요

코드 안내

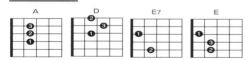

57

◎ 폴 카(Polka)

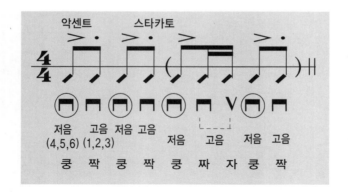

핵심

1. 2/4박자 리듬을 연주하되 4/4박자도 빨리 부를 때 폴카주법으로 연주하면 좋다.
   예) 우리 주의 성령이, 온 땅이여, 주께서 전진해 온다 등 …
2. 각 박의 첫머리에 엑센트(>)를 넣어 치고 1박자 두 번째 마디와 2박자 두 번째 마디는
   커팅을 통해 소리를 끊어주면 더 좋은 리듬이 된다.
3. ♫♫♫ 은 두박자(♩)이상 된 곳에 넣도록 한다.

◎ 트로트(Trot)

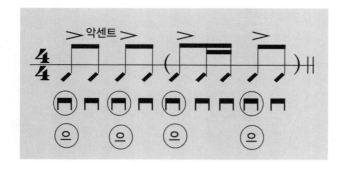

핵심 트로트(Trot) : 폴카를 느리게 연주하면 트로트가 된다.
　　　　　　　　으뜸음에서는 줄을 교대로 친다.
　　　　　　　　　예) Dm → 4번줄 한번, 5번줄 한번
　　　　○ : 으뜸음　예) Dm → 4번줄　　A7 → 5번줄

우리 주의 성령이

폴카 (4/4박자) 연습곡

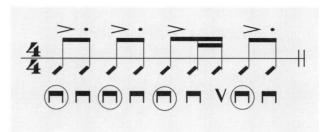

우리 주의성령이 내게 임하여 주를 찬 양합 - 니 - 다

우리 주의성령 이 내게 임하 여 주를 찬 양합 - 니 - 다

찬양 합 니 다 찬양 합 니다 주를 찬 양합니 다

찬양 합 니 다 찬양 합 니다 주를 찬 양합니 다

코드 안내

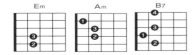

◉ 스트로크 응용주법

● 컨트리(Country)

1. 1박과 3박의 첫머리는 강하게 싱크페이션 부분에서도 강한 악센트를 넣어야 한다.
2. 저음과 고음을 잘 나누어서 치되 저음 부분을 으뜸음으로 치면 더욱 좋다.

● 디스코(Disco)

1. 첫박에서만 저음을 치고 나머지는 고음을 스트로크로 한다.
2. 16분음으로 되어 있는 부분이 거칠어지지 않도록 한다.

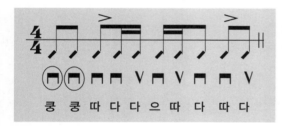 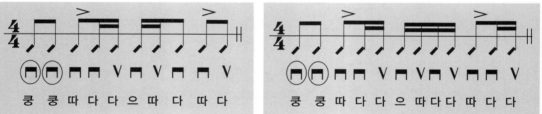

● 보사노바(Bossanava)

1. 보통 8비트 리듬과 다른 점은 악센트의 위치와 다운, 업 스트로크의 순서다.
2. 2박 후반부에 등장하는 싱코페이션 악센트를 확실히 하고 다운, 업의 순서를 잘 익힌다.

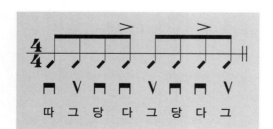

* 보사노바의 여러 종류의 리듬 패턴중
기타로 반주하기 쉬운것을 씀

● 소울(Soul)

1. 첫박의 저음을 두 번 치고 나머지는 모두 고음을 친다.

2. 다소 리듬이 복잡하지만 특히 2, 4박의 리듬에서 커팅을 하면 더욱 멋진 연주를
   할 수 있다.

● 비긴(Beguine)

1. 비긴은 싱코페이션이 특징을 이루는 리듬이다.

2. 앞은 약박으로 뒤는 강박으로 연주하되 뒤는 트로트나 마치 리듬과 같다.

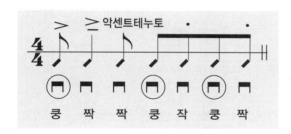

≥ (악센트테누토)
강하게 치면서 음이 끊어지지 않게
지속되는 상태이다.

● 룸바(Rumba)

1. 첫박에 악센트를 넣어 저음줄을 치고 뒤쪽은 고음줄을 짧게 끊어 치는 패턴이다.

2. 손목의 회전을 잘 이용하여 날렵하게 스트로크 하도록 한다.

* ① 〔 (라스게아도) : 6번줄에서 1번줄로 긁듯이 내려준다.

  ② 오른손으로 라스게아도를 할 때는 P, i, m, a 순서로 긁듯이 내려친다.

위대하고 강하신 주님

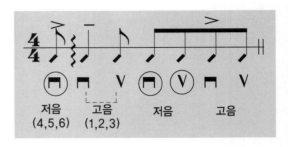

룸바 (4/4박자) 연습곡

위대 하- 고강하 신 주님 - 우리 주하나 님

위대 하- 고강하 신 주님- 우리 주하나 님

깃발 을높이들고 흔 들며 - 왕 께 찬 양 해

위대 하-고 강하 신 주님- 우리 주하나 님 - - -

위대 하 -고강하 신 주님 - 우리 주하나 님

코드 안내

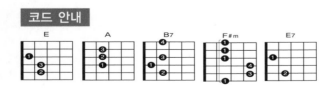

내가 어둠속에서

문경일 곡

소울 (4/4박자) 연습곡

쿵 따 다 쿵 쿵 따가따가

| | E | | A | E | F#m B⁷ | E A/B |

1. 내가 어둠속에서 – 헤맬때에도 – 주님은 – 함께 계셔 – 내가
2. 내가 은밀한곳에서 기도할때도 주님은 – 함께 계셔 – 세상
3. 힘이 없고연약한 – 사람들에게 – 주님은 – 함께 계셔 – 세상

| | E | | A | E | F#m B⁷ | E D/E E⁷ |

시험 당하여 – 괴로울 때도 – 주님은 – 함 께 계셔 –
아무도모르게 선한일 할때도 주님은 – 함께 계셔 – 기뻐 찬양하네
모든 형제와 – 자매들에게 – 주님은 – 함께 계셔 –

| | A | E | | Bsus⁴ B⁷ | E D/E E⁷ |

할렐루 할렐루 야 할렐 루 할렐루 야 우리모두찬양

| | A | E | C#m | F#m B⁷ | E |

할렐루 할렐루 야 – – 주님나와함께 계시네 –

코드 안내

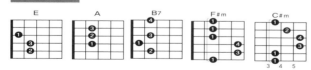

◎ 아르페지오 패턴 연습

왼손가락 번호

1 : 집게손가락
2 : 가운데손가락
3 : 약손가락
4 : 새끼손가락

오른손가락 번호

p : 엄지손가락
i : 집게손가락
m : 가운데손가락
a : 약손가락
ch : 새끼손가락

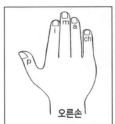

패턴 1

패턴 2

패턴 3

패턴 4

패턴 5

◎ 3핑거(Three finger) 패턴 연습

* p → ⑥ ⑤ ④ ③ 번선   i → ② 번선   m → ① 번선

▣ 2핑거(2 FINGER) 피킹 주법

핵 심

1. 2핑거와 3핑거 피킹 주법이야말로 통기타의 하이라이트라고 할 만큼 다이너믹한 주법이다. 이 주법을 듣다보면 혼자 연주한다고는 생각하지 못할 정도로 화려하면서도 복잡하게 들린다. 대부분 빠르고 화려한 연주인 경우가 2핑거, 3핑거 주법으로 연주하는 경우이다.

핑거주법은 보통 2핑거 피킹과 3핑거 피킹 2종류가 있는데 고급연주로는 3핑거 피킹을 쓰는 경우가 대부분이다.

2. 2핑거(2 finger) 피킹 주법은 엄지손가락(P)과 집게손가락(i)의 두 손가락으로 피킹을 하는 방법으로 엄지손가락(P)은 기타줄 6·5·4·3번선을 집게손가락(i)은 1·2번선을 친다.

3. 3핑거(3 finger) 피킹 주법은 오른손가락 세 손가락(P·i·m)만으로 치는 주법이다.

보통 아르페지오 주법을 부드럽고 저음과 고음이 규칙적인 리듬으로 표현한다면 3핑거는 규칙적으로 울리는 엄지손가락(P)의 베이스 음을 따라 매우 리드미컬하면서도 다양한 멜로디를 만들어 낼 수 있다는 것이 특징이다.

좀더 강한 다이너믹한 음을 내려고 할 경우는 섬피크와 핑거피크를 사용하고 부드러운 음으로 연주하고자 할 경우는 그냥 손가락으로 연주하면 된다.

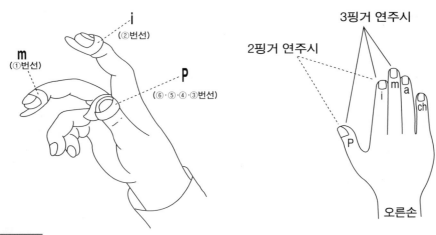

패턴 1

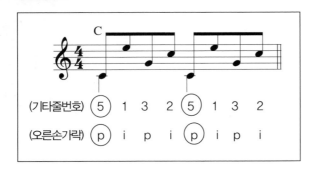

핵심

① 2핑거 피킹 때는 베이스 음을 힘있게 연주하기 위해서는 엄지손가락에 섬 피크를 끼고 연주해야 된다.

② 코드를 잡았을 때 기타줄 번호만 자세히 보아도 쉽게 연주할 수 있도록 표기함.

● 2핑거(2 finger) 패턴 연습 ①

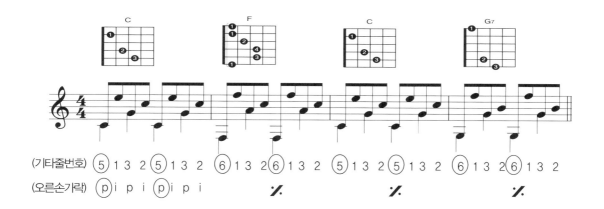

(기타줄번호) ⑤ 1 3 2 ⑤ 1 3 2   ⑥ 1 3 2 ⑥ 1 3 2   ⑤ 1 3 2 ⑤ 1 3 2   ⑥ 1 3 2 ⑥ 1 3 2

(오른손가락) ⓟ i p i ⓟ i p i   ╱.   ╱.   ╱.

패턴 2

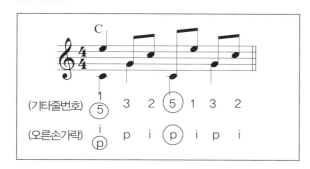

(기타줄번호) ⑤ 3 2 ⑤ 1 3 2

(오른손가락) ⓘ/ⓟ p i ⓟ i p i

* 첫 박 ♩를 엄지(p)와 집게손가락(i)으로
  동시에 피킹하는 패턴이다.

칼립소 또는 고고리듬과 비슷함

쿵 딱 쿵 쿵 쿵 딱 쿵

● 2핑거(2 finger) 패턴 연습 ②

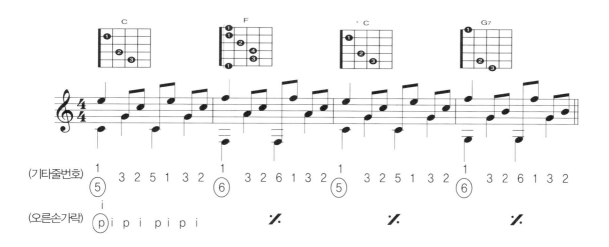

(기타줄번호) ⑤ 3 2 5 1 3 2   ⑥ 3 2 6 1 3 2   ⑤ 3 2 5 1 3 2   ⑥ 3 2 6 1 3 2

(오른손가락) ⓟ i p i p i p i   ╱.   ╱.   ╱.

67

아름다운 마음들이 모여서

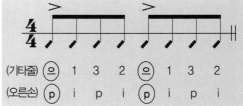

2핑거(2 finger)패턴 연습 1

아름다운마음들이 모여서 주의은혜나누며 –

예수님을따라사랑해야 – 지우리 서로사랑해 –

하나님이가르쳐준 한가지 –   네이웃을내몸과같이

미움다툼시기질투버리고 우리 서로사랑해 –

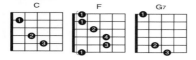

C 으 : 5번선

F 으 : 6번선 (4번선)

G7 으 : 6번선

68

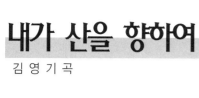

내가 산을 향하여

김 영 기 곡

2핑거(2 finger)패턴 연습 2

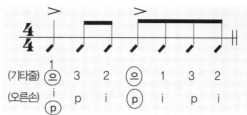

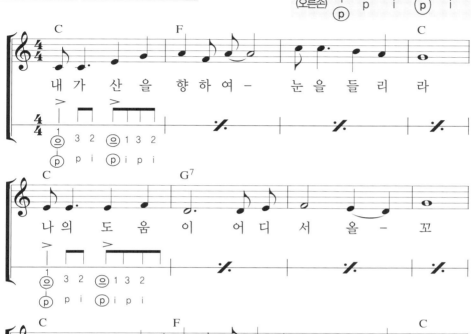

내가 산을 향하여 – 눈을 들리라

나의 도움 이 어디서 올 – 꼬

천지 지으신 여호와 – 나의 왕이여

영원 무궁 히 지키시 리로다

코드 안내

C ⊙ : 5번선

F ⊙ : 6번선 (4번선)

G7 ⊙ : 6번선

69

패턴 3

* 패턴 2 에서 마지막 음을 치지 않는
패턴이다.

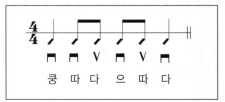

● 2핑거(2 finger) 패턴 연습 3

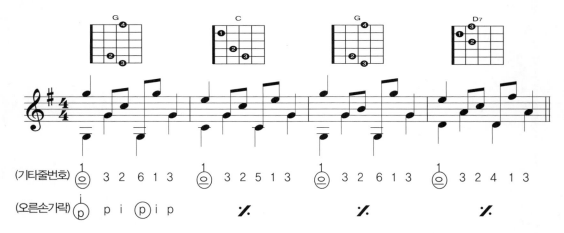

● 2핑거(2 finger) 패턴 응용

응용 1

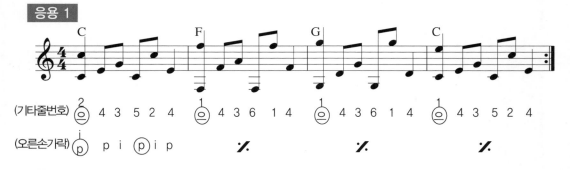

응용 2

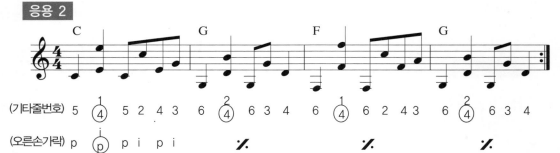

70

왕왕왕왕 나는 왕자다

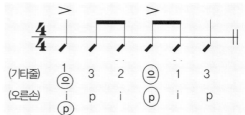

2핑거(2 finger)패턴 연습 3

왕 왕왕왕 나는왕자다   하 나 님 나 라 의 나는왕 자 다

내 가 비 록 어릴지라도   나 는 왕 나 는 왕   나 는 왕 자 다

내 앞 길 가 로 막 는 자   모 두 다 물 리 치 리 라

이 세 상 을 앞 장 서 가 는   나 는 왕 나 는 왕 나 는 왕 자 다

코드 안내

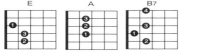

E (으) : 6번선

A (으) : 5번선

B7 (으) : 5번선

◎ 3핑거(Three finger) 피킹 주법

핵 심

1. 3핑거(three finger) 피킹 주법은 세 손가락(P・i・m)으로 치는 주법이다.
2. 엄지손가락(P)은 6・5・4・3번선, 집게손가락(i)은 2번선, 가운데손가락(m)은 1번선을
   치도록 하며, 실전곡을 치기전에 패턴연습을 충분히 하도록 한다.
3. 핑거 피킹의 어려운 점은 베이스음을 치는 엄지손가락(P)과 고음부를 치는 집게손가락(i),
   가운데손가락(m)의 짜맞춤의 타이밍이다.
   특히 베이스음이 리듬의 중요한 포인트이므로 시원하게 소리가 나도록 쳐야 한다.

패턴 1

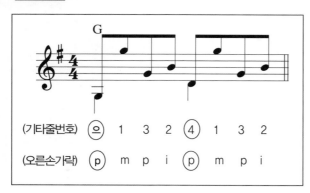

* 2핑거에서는 첫박 두 번째 음을 집게손가락(i)으로
  쳤지만 3핑거에서는 첫박 두 번째 음을
  가운데손가락(m)으로 친다.

● 3핑거(Three finger) 패턴 연습 ①

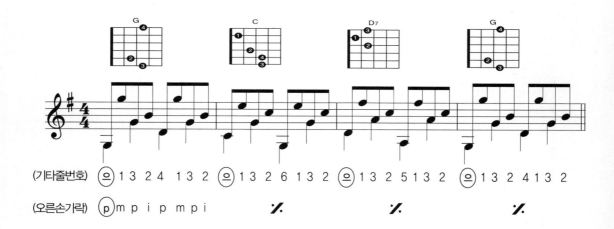

* 1마디에서 베이스 음이 2번 나오는데 첫 번째는 코드의 으뜸음을 두 번째 베이스 음은 코드의 5음을 쳐주는게 보통이다.

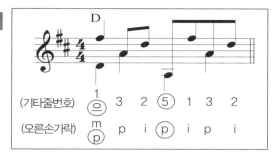

* ① 패턴1 에서 첫 박 ♩♪♪ 을 ♩♪ 로 동시에
　　　　　　　　p m　p m

　　피킹하는 패턴이다.
② 실제 연주시 자주 사용하므로 패턴연습을
　충분히 한다.

● 3핑거(Three finger) 패턴 연습 ②

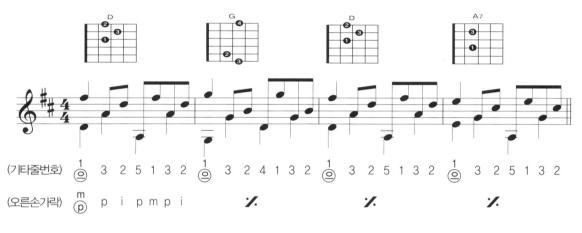

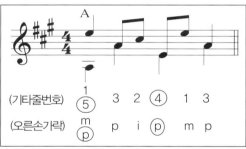

* ① 패턴2 에서 마지막 음을 치지 않는 패턴이다.
② 3핑거로 연주할 때는 새끼손가락(ch)을
　기타의 피크판에 살짝 올려놓고 연주하면
　좀더 쉽게 핑거링을 할 수 있다.

● 3핑거(Three finger) 패턴 연습 ③

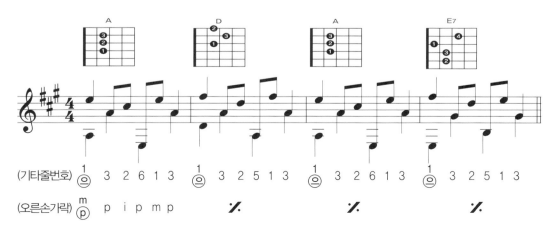

여호와 이레

이 날은 이 날은

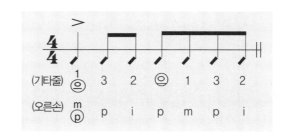

3핑거(Three finger) 패턴 연습2

이 날 – 은 이 날 – 은 주가 정 하 신 주의 날 일세

기뻐 하고 기뻐 하며 즐거 워 하 세 즐거 워 하 세

이 날 은 주 님의 날 일 – 세 기뻐 하고 즐거 워 하 – 세

이 날 – 은 이 날 – 은 주의 날 일 세

코드 안내

E 으 : 6 · 5번선 교대로

A 으 : 5 · 6번선 교대로

B7 으 : 5 · 4번선 교대로

75

선하신 목자

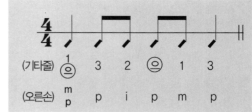

3핑거(Three finger) 패턴 연습3

선 하신 - 목자 - 날 사 랑하 - 는분 - 주

인 도하 - 는곳 - 따라 가 - - 리 주의말 - 씀을 - 나

듣기 위 - 하 - 여 주 인도하 - 는 - 곳 가려 네

네 나를푸 른초 - 장과 - - 쉴 만한 물 - 가로 - 내

76

선하신-목 자- 날인-도해 -   험한 산과골-짜기-로 내가

다 닐지- 라 도- 내 선하신 -목자- 날인-도해 -

연주방법

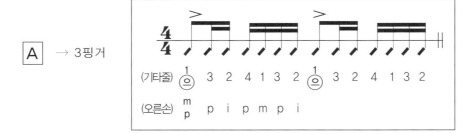

A → 3핑거

(기타줄) 1 3 2 4 1 3 2 1 3 2 4 1 3 2

(오른손) m p i p m p i
       p

B → 컨트리

가장 사랑받는
CCM · GOSPEL 모음집

· 가나다(첫가사) 순 ·

가서 제자 삼으라

최용덕 사·곡

3핑거 피킹(4/4박자)

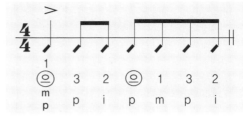

1. 갈 - 릴 리 마 을 그 숲 속 에 서 - - 주님
2. 지 - 금 도 우 리 주 찾 아 오 사 - - 어두

그 열 한 제 자 다 시 만 나 시 사 - - 마 지 막 그 들 에 게
워 져 가 는 저 세 상 바 라 보 며 - - 마 지 막 우 리 에 게

말 씀 하 시 기 를 - 너 희 들 은 - 가 라 저 세 상 으 로 -
부 탁 하 시 기 를 - 너 희 들 은 - 가 라 저 세 상 으 로 -

가 서 제 자 삼 으 라 세 상 많 은 사 람 들 을

세 상 모 든 영 혼 이 네 게 달 렸 나 니 -

가 서 제 자 삼 으 라 나 의 길 을 가 르 치 라

내 가 너 희 와 - 항 상 함 께 하 - 리 라 -

거룩 거룩 거룩하신 주

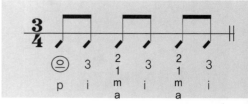

왈츠 (3/4박자)

1. 거 - 룩   거 - 룩   거   룩 하 신   주
2. 존 - 귀   존 - 귀   존   귀 하 신   주
3. 예 - 수   예 - 수   예   수 나 의   주
4. 영 - 광   영 - 광   영   광 의 주   님

전 능 하 신 하   나   님 - - -   어 제

B

도   계 셨 고 오 늘 도 - 계 시   며   이 제 곧

오 - 실   거   룩 하 신   주 -

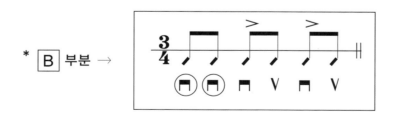

* **B** 부분 →

80

그날이 도적같이

김민식 곡

고고 (4/4박자)

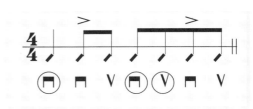

그 날 이 도 적 같 이   이 를 줄   너 희 는
평 강 의 하 나 님 이   너 희 를   거 룩 하

모 르 느 냐 –   늘 깨 어 있 으 라 –
게 하 시 고 –   온 몸 과 영 혼 이 –

잠 들 지 말 아 라 –   주 님 과 동 행 하 라
주 오 실 그 날 에 –   흠 없 기 원 하 노 라

– 항 상 기 뻐 하 라 –   쉬 지 말 고

기 도 하 라 –   범 사 에 감 사 하 라 –

이 는 예 수 안 에 서 –   너 희 에 게

향 – 하 신 –   하 나 님 뜻 이 니 라 –

그리 아니하실지라도

안 성 진

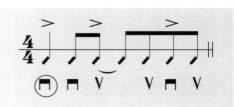

칼립소 (4/4박자)

1. 그 리 – 아 니 하 실 지 라 도 감 사 해
2. 그 리 – 아 니 하 실 지 라 도 사 랑 해

요 주 님 뜻 을 믿 기 때 문 이 죠 –
요 합 력 해 서 선 을 이 루 이 요 –

언 제 나 나 를 향 – 한 신 실 한 사 랑 –

우 리 를 향 한 그 크 신 사 랑 –

우 리 가 함 께 높 이 며 주 를 찬 양 해 –

할 렐 루 야 하 나 님 께 영 광 – –

기도하자 우리 마음 합하여

Moori Tune 곡

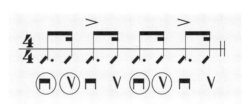

셔플 (4/4박자)

1. 기 도 하 자 우 리 마 음 합 하 여   –   –
2. 찬 송 하 자 우 리 모 두 주 님 께   –   –
3. 걸 어 가 자 하 늘 영 광 저 문 을   –   –
4. 바 라 보 자 주 님 계 신 천 국 을   –   –

기 도 하 자 우 리 마 음 합 하 여   –   –
찬 송 하 자 우 리 모 두 주 님 께   –   –
걸 어 가 자 하 늘 영 광 저 문 을   –   –
바 라 보 자 주 님 계 신 천 국 을   –   –

할 렐 루 야 아 – 멘 –   할 렐 루 야 아 – 멘 –

기 도 하 자 우 리 마 음 합 하 여   –   –
찬 송 하 자 우 리 모 두 주 님 께   –   –
걸 어 가 자 하 늘 영 광 저 문 을   –   –
바 라 보 자 주 님 계 신 천 국 을   –   –

창조의 하나님

Betty Jean Robinson

폴카 (4/4박자)

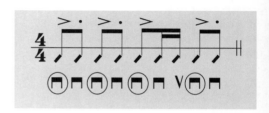

1. 그 는 여 호 ― 와 　 창 조 의 　 하 나 님 　 그 는 여
2. 지 존 의 　 하 나 님 　 아 브 라 함 의 　 하 나 님 　 여 호 와
3. 여 호 와 이 ― 레 　 그 는 나 의 　 공 급 자 　 구 원 의

호 와 　 전 능 의 　 하 나 님 　 길 르 앗 의 　 향 료 요 　 반 석 의
샬 롬 　 평 강 의 　 하 나 님 　 이 스 라 엘 의 　 하 나 님 　 영 원 한
하 나 님 　 구 주 의 　 하 나 님 　 아 들 을 　 보 내 어 　 그 를 증 거

하 나 님
하 나 님 　 그 는 여 호 　 와 치 료 의 하 ― 나 　 님
하 셨 네

찬 양 ― 하 세 　 할 렐 ― 루 야 　 찬 양 ―

하 네 오 ― 할 렐 루 야 　 그 는 여 호 ― 와 　 전 능 의

하 나 님 　 그 는 여 호 　 와 치 료 의 하 ― 나 　 님

84

고개들어 주를 맞이해

Dteven L. Fry

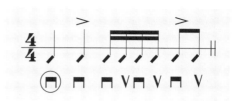

슬로우 고고 (4/4박자)

고 개 들 어 　 주 를맞 이 해
입 을 모 아 　 주 를찬 미 해

(찬 양 주님께영 광)

엎 드 리 어 　 경 배하 며 　찬 　 　 양
새 노 래 로 　 감 사하 며 　찬 　 　 양

왕 의 위 엄 을 　 신 령과 진 정 한
주 의 사 랑 과 　 구 원의 은 혜 를

찬 양 으 로 　 영 광돌 려 만 왕 의 왕 　께
감 사 함 과 　 기 쁨으 로 영 광 돌 리 세

Copyright©1974 Birdwing/BMG Songs/EMICMP(Print Only). Admin. by CopyCare Korea. Used by permission.

* 아르페지오 →

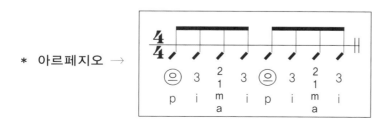

나

송 명 희 사 • 최 덕 신 곡

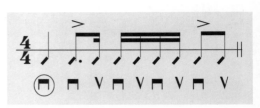

슬로우 고고 (4/4박자)

나 가진재물 없으나 – 나 남이가진 지식 없으나 –

나 남에게있 는 건강 있지 않으나 – 나 남이없 는것 있으 니

나 남이못 본것을 보았고 – 나 – 남이 듣지못한음 성

들었고 – 나 남이받 지못 – 한사랑 받았고 – 나

남이모르는것 깨 달 았네 – – 공 평하신 –

하 나님이 – 나 남이가 진것 나 없 지만 – 공 평하신 –

하 나님이 – 나 남이없 는것 갖게 하셨네 –

낮엔 해처럼 밤엔 달처럼

최용덕 사·곡

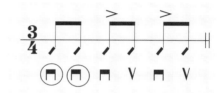

왈츠 (3/4박자)

1. 낮엔 해처럼 밤엔 달처럼 그렇게 살 순 없을까 -
2. 예수님처럼 바 - 울처럼 그렇게 살 순 없을까

욕심도없이 어둔세상 비추어 온전히 남을 위해 살듯이 -
남을위하여 당신들의 온몸을 온전히 버리셨던 것처럼 -

나의일생에 꿈이있다 면 이땅에빛과 소금되 어 -
주의사랑은 베푸는사 랑 값없이거져 주는사 랑 -

가난한영혼 지친영혼을 주님 께인도하고픈 데 -
그러나나는 주는것보다 받는 것더욱좋아하 니 -

나의욕심이 나의못난자 아가 언제나 - 커다란짐되어 -
나의입술은 주님닮은듯 하나 내맘은 - 아직도추하여 -

나를짓눌러 맘을곤고케하니 예수여 나를도 와주소 서
받을사랑만 계수하고있으니 예수여 나를도 와주소 서 -

내 영이 주를

정종원 사·곡

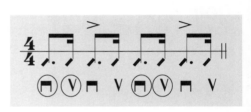

셔플 (4/4박자)

내 영이 주를 - 찬양합니 - 다 -

내 영이 주를 - 찬양합니 - 다 -

내 영이 주 를 - - - 찬양합니 - 다 -

내 영이 주를 - 찬양합니 - 다 -
Fine

기 뻐 - 하 라 - 나의 영혼아 감 사 - 하라 - 손을 들고 -

송 축 - 하라 - 주를 향해 - 외 - - 치라 -

기 뻐 - 하 라 - 나 의 영혼아 감 사 - 하라 - 손을 들고 -

송 축 - 하라 - 나의 영혼 - 아 - 내 영이
D.S.

사랑의 손길

문 찬 호 곡

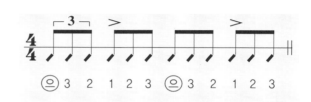

슬로우록 (4/4박자)

1. 나를위해 오신주 님 나의죄 를 위하여 서
2. 이세상 에

유대민 족 들 - 에 게 잡히시 던 - - 그날밤 에
로마병 정 창과칼 에 찔리시 던 - - 그날오 후

아무런 말 도 - 없 이 우리에 게 사 - 랑 을
평 - 안 을

보여주 신 주님예 수 십자가 를 - - 지 - 셨 네
약속하 신 주님예 수 십자가 에 - - 못박혔 네

그러나 언 젠가 주님을 부인 하며 원망 하 고 있을때 에

나에게 오 셔서 사랑의 손 길로 어루 만 지셨 네

거절할 수 없 어 외면할 수 없 어 주님의 그 손을 잡았었 네

주님의 사 랑에 뜨거운 눈 물을 흘리고 야 말았 다 네

낮은 자의 하나님

양영금사·유상렬곡

3핑거 (4/4박자)

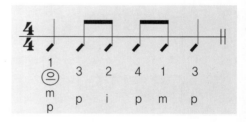

1. 나 의가-장- 낮은마-음- 주 님께-서- 기 뻐하-시고
2. 내 가지-쳐- 무 력할-때- 주 님내-게- 힘 이되-시고

작은일-에- 큰기쁨-을- 느 끼게 하시는도 -다- -다-
아름다-운- 하늘나-라- 내 맘에 주시는도 -다- -다-

우리에게- 축 복하신- 하 나 님사랑 -

낮은자를- 높 여 주 시고 -

아름다운- 하 늘 나 라- 허 락 하 시 고 -

내모든-것- 예 비 하 시 네 - -

찬 양함에 기쁨을- 감사함에 평안을-

간 구 함 에 하 나 님 – 알 도 록 –

하 셨 네 – 네 –

* B 부분 →

(칼립소)

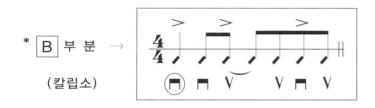

주여 진실하게 하소서

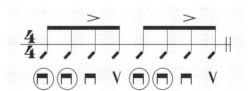

슬로우고고 (4/4박자)

주 여 *진 실 하 게 하 소 서 오 늘 하 루

하 루 순 간 을 주 가 주 신 힘 으 로 승 리

하 기 원 하 네 주 여 나 를 진 실 하 게 하 소 서

* 사랑하게, 묵상하게, 기도하게, 말씀보게, 전도하게

나의 힘이되신 여호와여

최용덕 곡

슬로우고고 (4/4박자)

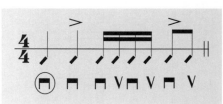

1.나의 힘이되신여호와여 내가 주님을사랑합니다
2.나의 힘이되신여호와여 내가 주님을사랑합니다

주는 나의 반-석이시며- 나의 요 새-시라
주는 나의 사-랑이시며- 나의 의 지-시라

주는 나를건지시는 나의 주 나의하나님
주는 나를이끄시어 주의길 인도하시며

나의 피할바-위시요 나의 방패시라
나의 생의목자되시니 내가따르리라

나의 하 나 님 나의 하 나-님

구원의뿔-이시요 나의 산 성이라
생명의면류관으로 내게씌우소서

나의 하 나 님 나의 하 나 – 님

그 는 나의여호 와 나 의 구 세 주

*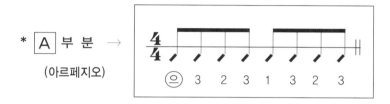
 A 부분 →
 (아르페지오)

*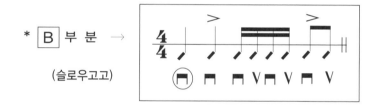
 B 부분 →
 (슬로우고고)

*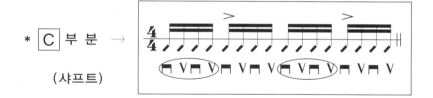
 C 부분 →
 (샤프트)

나 무엇과도 주님을

Wes. Sutton 곡

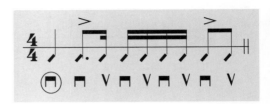

슬로우고고 (4/4박자)

나 무엇과 - 도 주님을 바 - 꾸 지 - 않으리 -

다 른 어떤 - 은혜 - 구 하지않 - 으 리 -

오 직 주님만 - 이 내삶에 - 도움이 - 시 니 -

주 의 - 얼굴보기 - 원합니 다 - 주님 사 랑 - 해요

- 온 맘 과 정 성 다 해 - 하 나 님 - - 의

신 실 - 한 - 친 구 되 기 - 원 합 니 다 -

내 구주 예수님

Darlend Zschech 곡

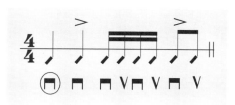

슬로우고고 (4/4박자)

내 구주　예 수 님　주같은분 - 없 - 네 -　내평 생에
위 로 자　되 시 며　피 난 처 되 -신주님 -　나의영혼

- 찬양 하리 - 놀라 -운주의　사　랑　　을
- 온맘 다 해

- 주를　경배 합　니　다

온땅 이여 -주 님께 -외 쳐라 - - 능력과위 -엄 의왕 -되신주 -

산과 바다 -소 리쳐 - 주의- 이름 을- - - 높 이 리 -

주행한일 -기 뻐노 -래 하며 - 영 원히 주님 -을 사랑 -하 리라 -

신실 하신 -주 의약 -속 나받 - 았 네 -　-

내 마음에 주를 향한

하스데반 곡

슬로우고고 (4/4박자)

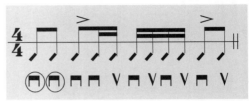

내마음에주를향한 사 랑이 - 나의말엔주가주신
내입술에찬 - 양의 향 기가 - 두손에는주를닮은

진 리로 - 나의눈에주의눈물 채 워 주 소 서
섬 김이 - 나의삶에주의흔적 남 게 하 소

서 하 나 님 의사 랑 이 - 영원

히 함 께 하 리 - 십 자 가 의길을걷는자에 게 순교

자 의삶을사는이에 게 조 롱 하는소리와 - 세상

유 혹 속 에 도 - 주 의 순 결 한 신 부 가 되 리

라 내 생 명 주 님 께 드 리 리

나 주님의 기쁨되기 원하네

슬로우고고 (4/4박자)

나주님 - 의기쁨 되 - 기원 하 - 네 -　내 마음을 - 새롭 - 게하소 -
겸손히 - 내마음드 - 립니 - - 다 -　- 나의모 - 든것 - 받으소 -

서 - -　　새 부대 - 가되 - 게하 - 여주 - - 사 -　　주
서 - -　　나 의맘 - 깨끗 - 케씻 - 어주 - - 사 -　　주

님의빛 - 비추 - 게하소 - 서 - -　　내가 원 - - 하는 -
의길 로 - 향하 - 게하소 - 서 - -

한 - - 가지 -　주님의 - 기쁨이 되 는것 -　　내 가

원 - - 하는 -　한 가 - 지 - -　주님의 - 기 - 쁨이되 는것 -

Copyright© 1984 Maranatha! Praise Inc. Administered by CopyCare Korea. All rights reserved. Used by permission.

* B 부분 →
(샤프트)

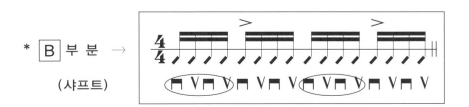

파송의 노래

고형원 곡

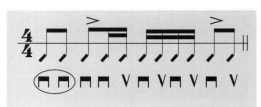

슬로우고고 (4/4박자)

너의 가는길 – 에 주의평 – 강 있으리 – 평강 의 왕 함께하 – 시 니   너의

걸음 걸음 주 인도하 – 시리   주의 강 한 – 손널 이끄 – 시 리   너의

가 는길 – 에 주의축 – 복 있으리 – 영광 의 주 함께가 – 시 니   네가

밟는모든땅 – 주 님다스 – 리 리   – 너는   주 의 – 길 예비케 – 되

리 –   주 님 나라위 – 하 여 길떠 나 는 나의형 – 제 여

주 께서가라 – 시 니 너는 가 라 주의이름으로 –   거칠

은광 야위에 – 꽃 은 피어나고 – 세상 은네 안에서 – 주님의

영광 보리라 - 강하 고 -담 대하 라 세상 이 기 신주 늘함

-께 - 너와 동행- 하시 며 네게 새힘 늘-주시 리 -

너는 시냇가에 심은

박윤호

슬로우고고 (4/4박자)

1. 너 - 는 시 냇가 에 심 - 은 -나 무 라
2. 주의 시 절을좇 아 구원 열 매맺으 면

하나 님 의사랑 안 에믿음 뿌 리내리 고
주의 영 화로운 빛 - 너를 보 호하리 니

주의 뜻 대 로주의 뜻 대로 항- 상 사세 요
주의 뜻 대 로주의 뜻 대로 항- 상 사세 요

일어나 걸어라

최용덕

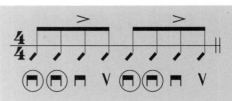

고고 (4/4박자)

E · · · · · · B7 · · · · A · · · · E

나 의 등 뒤 에 서 나를 도 우 시 는 주

B7 · · · · E · · · · B7

나 의 인 생 - 길 에 서 지 치 고 곤 하 여
평 안 히 길 - 을 갈 땐 보 이 지 않 아 도
때 때 로 뒤 돌 아 보 면 여 전 히 계 신 주

A · · · · E · · · · B7 · · · · E

매 일 처 럼 주 저 않 고 싶 을 - 때 나를 - 밀 어 주 시 네
지 치 고 곤 하 여 넘 어 질 때 - 면 다 가 와 손 내 미 시 네
잔 잔 한 미 소 로 바 라 보 시 - 며 나를 - 재 촉 하 시 네

E · · · · · · · · B7

일 어 나 걸 으 라 내 가 새 힘 을 주 리 니

E · · · · A · · · · E · · B7 · · E

일 어 나 너 걸 으 라 내 너 를 도 우 리

* 응용 →
(3핑거)

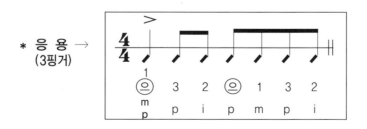

너는 그리스도의 향기라

구현화 사 • 이사우 곡

슬로우고고 (4/4박자)

너는 그리스도의 – 향 기 라 – 너는

그 리 스 도 의 – 편 지 라 하 나 님 – 앞 에 서 그 – 리

스 도 의 – 향 기 니 – 너를 통해 *생 명 이 – 흘 러 가

리 너를 통해 *생 명 이 – 흘 러 가 리

  * 사랑이, 기쁨이

Copyright ©1999 Sing Koinonia Publishing.

* 응용 →
(아르페지오)

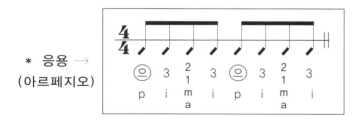

날 사랑하신 주님

박철순

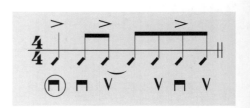

칼립소 (4/4박자)

날사랑하신 - 주님의그큰사 랑으로 -

내안에계신 - 예수님의그사 랑으로 -

당신을 사랑합니 다 - - - -

당신을 축복합니 다 -

나의힘으로 - 당신을 사랑할 - 수없 - 네 -

나의가진모 - 든것 - 으로 당신을축복할 - 수없 - 지만

- 주님이주 - 신 - 크고도 놀라우신 - 그사랑으로

당신을 사랑합니 다 - 축복합니 다 -

날마다 숨쉬는 순간마다

Sandra Berg & Ahnfelt Oscar

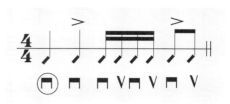

슬로우고고 (4/4박자)

1. 날마 다 숨쉬는순간 마 다   내앞 에 어려운일보 네   주님
2. 날마 다 주님내곁에 계 셔   자비 로 날감싸주시 네   주님
3. 인생 의 어려운순간 마 다   주의 약 속생각해보 네   주님

앞 에이몸을맡 길 때   슬픔 없 네두려움없 네   주님
앞 에이몸을맡 길 때   힘주 시 네위로함주 네   어린
속 에믿음잃지 않 고   말씀 속 에위로를얻 네   주님

의 그자비로운 손 길   항상 좋 은것주시도 다   사랑
나 를품에안으 시 사   항상 평 안함주시도 다   내가
의 도우심바라 보 며   모든 어 려움이기도 다   흘러

스 레아픔과기 쁨 을   수고 와 평화와안식 을
살 아숨을쉬는 동 안   살피 신 다약속하셨 네
가 는순간순간 마 다   주님 약 속새겨봅니 다

Copyright© Maranatha! Praise Inc. Admin. by CopyCare Korea. Used by permission.

* B 부 분 →

(슬로우고고)

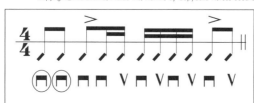

나의 가는 길

Don Moen

칼립소 (4/4박자)

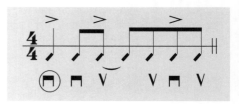

나 의 가 - 는 길 - 주님 인 도 하 - 시 네 - 그 는

보 이 지 - 않 아 도 - 날 위 해 - 일 하 - 시 네 -

주 나 의 - 인 도 - 자 항 상 함 께 하 - 시 네 - 사

랑 과 힘 - 베 푸 시 며 - 인 도 하 - 시 네

인 도 하 - 시 - 네

Fine

광 야 에 길 을

만 드 시 - 고 - 날 인 도 해 사

막 에 강 - 만 드 - 신 것 - 보라 -

하 늘 과 땅 - 변 해 - 도 주 의 말 씀 영 - 원 히 - 내

삶 속 에 - 새 일 을 행 - 하 리 - -

Copyright©1990 Integrity's Hosanna Music, Admin. by CopyCare Korea, Used by permission.

예수 사랑 나의 사랑

왈츠 (6/8박자)

예 수 사 랑 나 의 사 랑 - -

내 맘 속 에 넘 쳐 *형 제 를 사 랑 해

* 자매를, 주님을, 목사님, 장로님, 집사님, 성도님

너의 하나님 여호와가

김진호

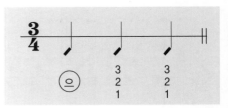

왈츠 (3/4박자)

너의하나 님 여호와 가 너의가운 데 계시 니 —

그 는구원 을 베 푸실전능 자 전 능 자 시 — 라 —

그 가 너로 인하여 기쁨을 이 기지 못하시 며 —

너 를잠 잠 — 히 사 랑 하 시 — — 며

즐 거이 부르며 기 뻐 기 뻐 하시리 라 —

Copyright© 김진호

* B 부 분 →
(아르페지오)

* C 부 분 →
(왈 츠)

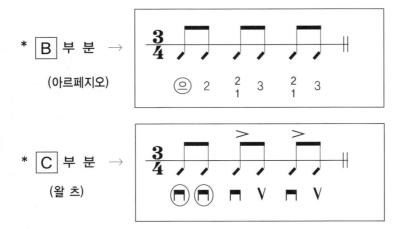

나의 반석이신 하나님

Mary Lou Locke & Mary Kirkbride

디스코 (4/4박자)

Copyright©1979 Integrity's Hosanna Music, Admin. by CopyCare Korea, Used by permission.

나는 찬양하리라

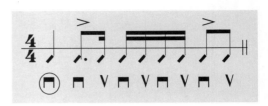

슬로우고고 (4/4박자)

나는찬양 하리 라 　 주 - 님 　 그 이름찬
리 　 주 - 께 　 영광의이

양 　 예 - 수 　 크 신 주 이름 나 찬 양 하 리
름

라 　 나 는찬양 하리 라 　 주 - 님 　 그 이름찬
나 는영광 돌리 리 　 주 - 께 　 영광의이

양 　 예 - 수 　 크 신 주 이름 나 찬 양 하 리
름

라 　 2.나 는영광 돌리 　 라 　 -

Copyright©1989 Integrity's Hosanna Music. Admin. by CopyCare Korea. Used by permission.

내 손을 주께 높이 듭니다

이정승

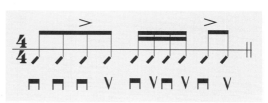

슬로우고고 (4/4박자)

내 손을 주께 높이 듭니다 내 찬양 받으실 주 님

내 맘을 주께 활짝 엽니다 내 찬양 받으실 주 님

슬픔 대신 희락 을 – 재 대신 화관 을

근심 대신 찬송 을 – 찬 송의 옷을 주셨 네 –

내 손을 주께 높이 듭니다 내 찬양 받으실 주 님 –

내 맘을 주께 활짝 엽니다 내 찬양 받으실 주 님 –

내 입술로

정정원

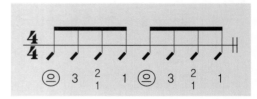

슬로우고고 (4/4박자)

내입술로- 하 나님의 - 이 름을 -찬 송하며 -

황소를드림보-다 진정한노래를 기 쁘게 받-아 주시는 -주 님-

내 맘으로 - 하 나님을 - 즐 겁게 -찬 양하네 -

찬 송 을부르며 - 영원히섬기리 주 님께 영 -광 돌리 -리 -

할 렐루-야 - 할 렐루-야-할 렐루 -할 렐루야 -

할 렐루-야 - 할 렐루-야-할 렐루 -할렐루야 -

* B 부분 →

(슬로우고고)

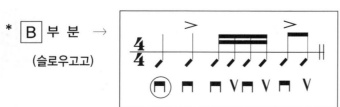

110

다 와서 찬양해

Patricia Morgan 곡

디스코 (4/4박자)

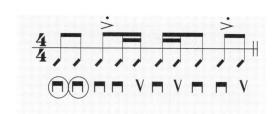

다 와서 찬양해 - 사랑 을주 신주 찬 양해 -

사랑 의우 리주 -님- -생 명주 셨 네 -

소 리 쳐 찬 양해 - 기쁨 을주 시 는 우 리왕 -

찬 양 의제 사 드 리며- -주 님께 경 배 해

다 와서 찬양해 - 찬 양해 - 찬 양해 - 주 님

1. 찬 양해 - 주 님 우 리 왕 -

2. 찬 양해 - 주 님 우 리 왕 -

Copyright© 1984 Thankyou Music. Administered by CopyCare Korea. All rights reserved. Used by permission.

당신은 사랑받기 위해

이민섭 곡

슬로우고고 (4/4박자)

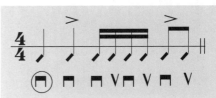

당신 은 - 사랑 받기 위 - 해 태 어 난 사람 - 당신

의 삶 속 에서 - 그 사랑 받고 있 지요 - 당신 받고 있 - 지요

태 초 부터 - 시 작 된 하 나님 - 의 사 랑은 - 우리

의 만 남 - 을 통해 열 매를 맺고 - 당 신 이 이 세 상 - 에 존

재 함으 로인 - 해 - 우리 에 게 얼 마 나 - 큰 기 쁨 이 되는지 -

당 신 은 사 랑 받 - 기 위해 태 어 난 사람 -

지 금 도 그 사랑 - 받 고 있 지요 - 받 고 있 지 요 -

누군가 널 위해 기도하네

왈츠 (3/4박자)

당신 이 지쳐 서 – 기도 할 수 없 고 눈물
의 마음 이 – 지쳐 있 을 때 에 갈보

이 빗물 처럼 – 흘 러 내릴 때 주님 은 우리
리 십자 가를 – 기 억합니 다 주님 은 우리

연 약 함을 아 시 고 사랑으 로 인 도 하 시
외 로 움을 아 시 고 내마음 에 기 쁨 주 시

네 – 누군 가 널 – 위하 여 –
리 –

누 군 가 기 – 도 하 네 – 네가홀 로 외로워

서 – 마음 이 무 너질 때 누군가 널위 – 해

기 도 하 네 – 우리 네 –

주 오셔서 구하시리

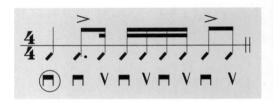

디스코 (4/4박자)

두려운 마—음 가 진 -자 여- 놀 라-지말라 — — —
상한마 음-- 가 진 -자 여- 낙 망-치말라 — — —

주너의하 나님 - 강한손 으로- - 주이름부를때 — —
주너의하 나님 - 사 랑의 팔로- - 주이름부를때 — —

주 님구하시 리 - 주 오 셔서 구 하 - 시 리
주 님구하시 리 -

- 주오셔서 구 원하 -시리 - 약 한자들 -에게 강한능력

-으로 주오셔서 구 원하 - -시리 - 주 오 셔 서 구 하 -시리

- 주오셔서 구 원하 -시리 - 눈 을들어 -보라 회복의능

-력을 주오셔서 구 원하 - -시리 - 구 원하 - -시리 -

축복송

송 정 미

슬로우고고 (4/4박자)

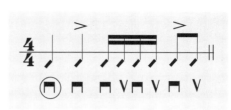

1. 때 - 로 는 너의앞 에 어려 움과 아 픔있지
2. 너 는 택 한 족속이 요 왕같 은 - 제 사장이

만 담대하 게 - 주를바 라보 는 너 의 영혼
요 거룩한 나 라 하나님 의소 유 된 백 - 성

- 너의영 혼 우리볼 때 얼마 나 아 름다
- 너의영 혼 우리볼 때 얼마 나 사 랑스

운 - 지 너 의영혼 통 해 큰 영광받 으
러 운 지

실 하 나님을 찬 양 오할 - 렐 루 야

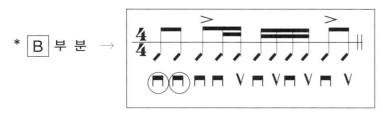

* B 부 분 →

115

모든 능력과 모든 권세

Paul Bal0che

슬로우고고 (4/4박자)

모든능 - 력 - 과 모든권 - - - 세 - 모든것 - 위 - 에뛰어

- 나신 - 주 님 세상이 측량 - 할수 - 없 는 - 지혜 - - - 로

모 든만 - 물창 - 조하 - 셨네 - 모든나 - 라 - 와 모든보 -

- 좌 - 이세상 - 모든 - 경이 - 로움 - 보다 - 이 세상

모 든 - 값진 - 보물 - 보다 - - - - 더욱귀 - 하신 - 나의 - 주님

- 십 - 자가 - 고통당 - 하사 - 버 림 받고 - 외

면당하 - - 셨네 - 짓밟힌 - 장미꽃 - - 처럼 - - - -

나를 - 위해 - 죽으셨네 - 나의 - 주

모든 이름위에 뛰어난

고형원 곡

3핑거 (4/4박자)

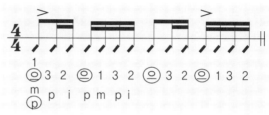

모든 이름위 - 에뛰어난 - 이 름 예수는 주 - 예수는

주 모두무릎꿇고 경 배를드리세 예

수 는 만유의 - 주 님 예수는 주 - 예 수는

주 온 천 하만물우 - 러 러 그

보 좌앞영 광을돌리 - 세 예 수 예 수

예 수 는 - 주 -

* B 부분 →
(컨트리)

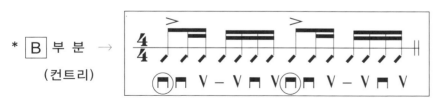

모든 영광을 하나님께

왈츠 (3/4박자) 아르페지오

모든 영광을 – 하나 님 께 – 모든
예수 님 – 찬양 받으소 서 – 예수
위로 의 – 성령 님이시 여 – 위로

영 광 을 – 하 나 님 께 – 온
님 – 찬 양 받 으 소 서 – 죄
의 – 성 령 님 이 시 여 – 우

맘 과 – 뜻 다 해 주 사 모 합 니 다 모든
사 했네 우 리 위 해 성 령 주 셨 네 예수
리 안에 계 셔 서 늘 인 도 하 셨 네 위로

영 광 을 – 하 나 님 께 –
님 – 찬 양 받 으 소 서 –
의 – 성 령 님 이 시 여 –

* B 부분 →
(왈츠)

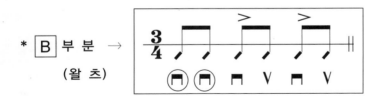

118

돌아온 탕자

김석균 사 · 곡

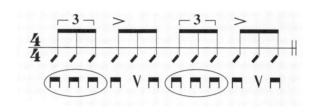

슬로우록 (4/4박자)

멀고험 한 – 이세상 길 소망 없 는나그네 – 길
무거운 짐 – 등에지 고 쉴곳 없 이애처로운 몸
눈물로 써 – 회개하 고 아버 지 의품에안 기 어

방황하 고 – 헤메이 며 정처 없 이살 – 아 왔 네
쓰러지 고 – 넘어져 도 위로 할 자내겐없 었 네
죄악으 로 – 더럽힌 몸 십자 가 에못 – 박 았 네

의지 할 곳없 는이 몸 위로 받 고살 고파 서
세상 에 서버 림받 고 귀한 세 월방 탕하 다
구원 함 을얻 은기 쁨 세상 에 서제 일이 라

세상 유 혹따 라가 다 모든 것 을다 잃었 네
아버 지 를만 났을 때 죄인 임 을깨 달았 네
영광 의 길허 락하 신 내주 예 수찬 양하 네

* **B** 부분 →

(슬로우록)

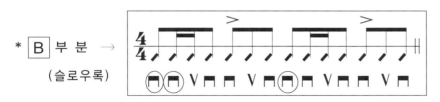

예수가 좋다오

김석균 사·곡

컨트리 (4/4박자)

많은-사람들 - 참된 진리를모른 채 - 주님곁을
무거운짐진자 - 다-내게-로오라 - 내가너를
그대-가만일 - 참된 행복을찾거든 - 예수님을

떠 나 갔지만 - - 내가 만난주-님은 - 참
쉬 게 하리라 - - 이길 만이생명의 길 - 참
만 나 보세요 - - 그분 으로인-하 여 - 참

사 랑-이었고 - 진 리였고 소망 이었소 - -
복 된-길이라 - 항 상내게 들려 주셨소 - -
평 안을얻으 면 - 나 와같이 고백 할거요 - -

난 예 수가 좋 다 오 - - 난 - -

예 수가좋다오 - - 주를 사랑 한다던 - 베 드로

고백 처럼 - 난 예 수를 사랑 한다 오 -

무화과 나무잎이

Tony Hopkins 곡

폴카 (2/4박자)

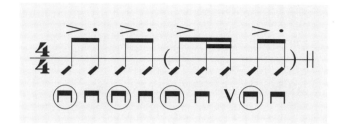

무 화 과 나 무 잎 이 - 마 르 고 - 포 도

열 매 가 없 으 며 - - 감 람 나 무 열 매

그 치 고 - 논 밭 에 식 물 이 없 어 도 - - 우 리

에 양 떼 가 없 으 며 - 외 양 간 송 아 지

없 어 도 - 난 여 호 와 로 즐 거 워 하 리

난 여 호 와 로 즐 거 워 하 리 난 구 원 의

하 나 님 을 인 해 기 뻐 하 - 리 라 -

Copyright© 1971 Scripture In Song/Integritys Hosanna! Music. Administered by CopyCare Korea.
All rights reserved. Used by permission.

목마른 사슴

Matin Nystrom

슬로우고고 (4/4박자)

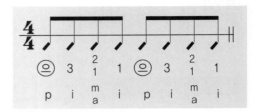

1.목 마 른 사 슴　시 냇 물 을찾 아　헤 매 이 듯 이
2.금 보 다 귀 한　나 의 주 님내 게　만 족 주 신 주

내 영 혼 주 를　찾 기 에 - 갈 급 하 - 나　이 다
당 신 만 이 -　나 의 기 쁨또 한 나　의 참 보 배

주 님 만 이 - 나 의 힘 나　의 방 패나 의　참 소　망

나 의 몸 정 성　다 바 쳐 서주 님 경　배 합 니　다

Copyright©1984 Maranatha! Praise Inc. Admin. by CopyCare Korea. Used by permission.

* B 부 분 →

(슬로우고고)

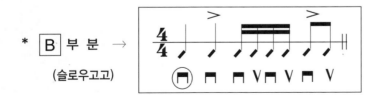

주 예수 나의 당신이여

이인숙 사 • 김석균 곡

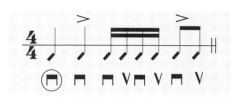

슬로우고고 (4/4박자)

빛 이 없 어 도 환 하 게 다 가 오 시 는 주 예 수 나 의 – 당 신 이 여
나 는 없 어 도 당 신 이 곁 에 계 시 면 나 는 언 제 나 – 있 습 니 다

음 성 이 없 어 도 똑 똑 히 들 려 주 시 는 주 예 수 나 의 – 당 신 이 여
나 – 는 있 어 도 당 신 이 곁 에 없 으 면 나 는 언 제 나 – 없 습 니 다

당 신 이 계 시 므 로 나 도 있 고 – 당 신 의 노 래 가 머 묾 으 로 나 는 부 를 수 있 어 요

주 여 – 꽃 처 럼 향 기 나 는 – 나 의 생 활 이 아 니 어 도

나 는 당 신 이 좋 을 수 밖 에 없 어 요 주 예 수 나 의 당 신 이 여

사랑은 언제나

정두영 곡

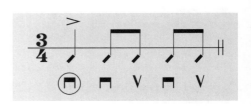

왈츠 (3/4박자)

사 랑 은 언 제 나 오 래 참 고 - 사 랑 은 언 제 나 온 유 하
사 랑 은 무 례 히 행 치 않 고 - 자 기 의 유 익 을 구 치 않

며 - 사 랑 은 시 기 하 지 않 으 며 - 자 랑 도 교 만
고 - 사 랑 은 성 내 지 아 니 하 며 - 진 리 와 함 -

도 아 니 하 며 - 사 랑 은 모 든 것 감 싸 주 고 -
께 기 뻐 하 네 -

바 라 고 믿 - 고 참 아 내 며 - 사 랑 은 영 원 토

록 변 함 없 네 - 믿 음 과 소 망 과 사 - 랑 은 -

이 세 상 끝 까 지 영 원 하 며 - 믿 음 과 소 망

과 사 랑 중 에 - 그 중 에 제 일 은 사 랑 이 라 -

124

생명 주께 있네

Daniel Gardner

고고 (4/4박자)

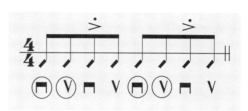

생 명 주 께 있 네 - 능 력 주 께 있 네 - 소

3rd time to Coda

망 주 께 있 네 - 주 안 - 에 있 - 네 생

네 생 명 다 해 - 주 찬 양 - 하 리

- 힘 을 다 해 - 주 찬 양 - 하 리 - -

내 생 명 - 다 해 내 힘 을 - 다

해 모 든 소 망 주 님 께 - - 생

안 - 에 있 - 네 주 께 -

물이 바다 덮음같이

고형원 곡

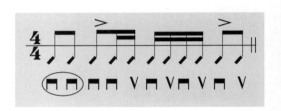

세상 모든 민족이 - 구원 을얻 기까지 - 쉬 지않 으시는 - 하

나님 - 주의 심장 가지고 - 우리 이 제일 어나 - 주 따르게 하소

서 세상 모든 육체가 - 주의 영광 보도록 - 우 릴부르시는 - 하

나님 - 주의 손과 발되어 - 세상 을치유하며 - 주섬 기게 하소

서 물이바다 덮음 같이 - 여호 와의 영광을 - 인정 하는 것이

온세 상가 득하 리라 - 물이 바다 덮음 같 이 물이 바다 덮음 같 이물이

바 다덮음같이 - 보리 라 그날 에 주의 영광 가득한 - 세

상 우리 는 -들게되리 온세 상가 득한 승리의 - 함 성

D.S.

그 날

고 형 원

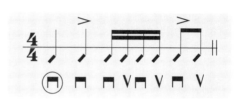

슬로우고고 (4/4박자)

사 망의 그늘 에 앉 아 죽어 가는 나의 백성 들 절망

과 굶 주림에 갇힌 저들은 내 마음 의- 오랜 슬 픔

고 통의 멍에에 매 여 울고 있는 나의 자녀 들 나 는

이 제일 어나- 저 들의 멍에를 꺾 고 눈물 씻 기기 - 원하는 데

누 가내 게 부르 - 짖 어 저 들을 구원케 - 할 까

누 가나 를 위해 - 가 서 나 의 사 랑을 전 - 할 까 나 는

이 제 보 기 원하 네 나의 자녀들 - 살아 나는 - 그 날 기쁜

찬 송 소 리 하 늘 에 웃 음 소 리온 - 땅 가득한 - 그 날

손을 높이 들고

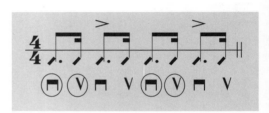

셔플 (4/4박자)

손을높이들고   주를찬양- 높은곳을향해   주를찬양- -

모든만물들은 -   주를찬 - 양하라 -

왕의왕되신   예수 -   다스리시는   예수 -

생명있음을   찬양해   -

할렐루야주를찬양-   할렐루야   주를찬양- -

생명있음을   찬양해

을   찬양해   -

예수의 이름으로

Chris A. Bowater 곡

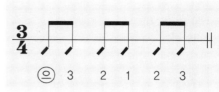

왈츠 (3/4박자)

예 수 의 이 름 으 로 나 는 일 어 서 리 라

주 가 주 신 능 력 으 로 - 나 는 일 어 서 리 라

원 수 가 날 향 해 와 도 - 쓰 러 지 지 않 으 리

주 가 주 신 능 력 으 로 - 주 가 주 신 능 력 으 로 -

주 가 주 신 능 력 으 로 - 일 어 서 리 -

Copyright© 1975 Sovereign Lifestyle Music. Administered by CopyCare Korea. All rights reserved. Used by permission

* B 부 분(왈츠)

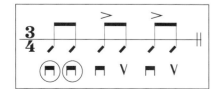

* C 부 분(아르페지오)

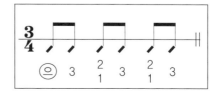

부흥

고형원 곡

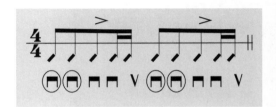

슬로우고고 (4/4박자)

이 땅의 황무함을 보소서 - - 하늘의 하나님 - - 긍휼을

베푸시는주여 우리의 죄악 용서 하소서 - - 이

땅 고쳐 주소 서 이제 우리 모두하 나 되어 - - 이땅의

무너진 - - 기초를 다시 쌓을 때 우리의 우상 들을

태우실 - - 성령 의불 - 임 하소 서

부흥의 불길 - 타오르게 하소서 - - 진리 의말씀 - 이땅 새 롭게

하 소서 - - 은혜 의강물 - 흐르게 하소서 - -

130

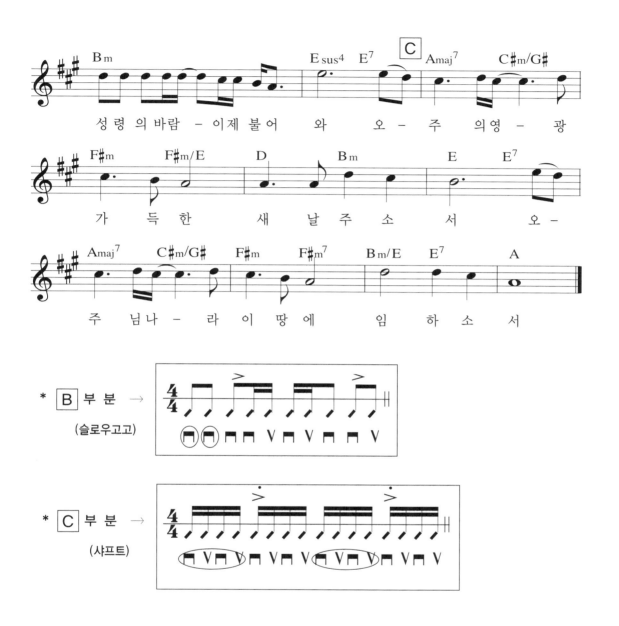

성령의바람 – 이제불어 와 오 – 주 의영 – 광

가 득 한 새 날주소 서 오 –

주 님나 – 라 이 땅에 임 하 소 서

* B 부분 →
(슬로우고고)

* C 부분 →
(샤프트)

은혜로만 들어가네

Gerrit Gustafson 곡

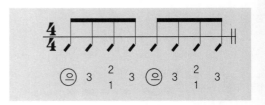

슬로우고고 (4/4박자)

은혜로만 – 들어가 – 네 – 은혜로만 – 선 다네 –

우리의노 – 력이아 – 닌 – 어린양의 – 보혈로 –

그분 의임 – 재 가운 – 데 오 라 – 하 시 네 –

우리 를부 – 르신그 – 곳 – 은 혜로들어 – 가 네 –

주님의그 – 은 혜 – 범죄 한우 – 리 가어

– 찌 서 리 요 어린 양의 – 보 혈이

– 깨 끗 케 – 하 시 네 –

D.C.

주 님 의 그 – 은 혜 –   주 님 의 그 – 은 혜

– 주 님 의 그 – 은 혜 –

* B 부분 →
(슬로우고고)

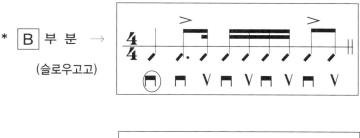

* C 부분 →
(아르페지오)

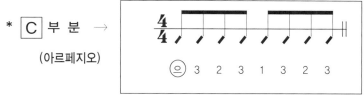

시편 92편

이유정 곡

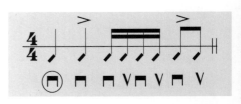

슬로우고고 (4/4박자)

아침 에 주의 인자 하 심을 나 - 타 - 내시 - 며 - 밤마

다 주의 성실 하 심을 베풂이 좋으나이 - 다 - 아침

베풂이 좋으나이 다 여 - 호 와께 감 사 하며

주의 이름 을 찬 양 여 - 호 와께 감 사 하며

주의 이름 을 찬 양 여 호 와 여 주의

행사가 -어찌 -그리 크 신 지 요 주의 생 각이 - 심히

깊으 시나이 다 - 아침 에 주의 인자

하 심을 나 - 타 - 내시 - 며 - 밤마 다 주의 성실

하 심을 베풂이 좋으나이 다 -

영광 가장 높은 곳에

Danny Daniels 곡

디스코 (4/4박자)

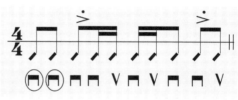

영광 – 가장 높은 곳에 영광 –

전 능 하 신 주 생 명 의 – 말 씀 되 신 –

하 나 님 의 어 린 양 께 – 영 광 –

돌 리 세 (형제) 주 께 –

영 광 – (자매) 영 광 – (형제) 영 광 – (자매) 영 광 – – –

(함께) 영 광 – 영 광 돌 리 – 세 – (형제) 주 께 –

어 린 양 – 께 영 – 광 을 –

찬송하며 살리라

정 석 진 사·곡

슬로우고고 (4/4박자) 아르페지오

* B 부분 : 샤프트 주법으로 연주함

이 험한 세 상 나 살아갈동 안
내 작은 손 에 불 밝혀들고 서

내 주님가신 길 걸으며 내 주님을찬양 해
이 세상다시 오 시 – 는 내 주님을맞으 리

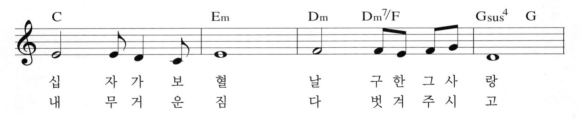

십 자가보 혈 날 구한그사 랑
내 무거운 짐 다 벗겨주시 고

나 매일찬송 을 드려도 늘 부족한것 뿐이니
그 아름다운 금 면류관 날 위해예비 하시리

나 호흡있는 동 안에 – 나 생명있는 동 안에 –

나 주를찬양 하리라 – 내게 생 명주신 주님 을

언제나 내 모습

임미정 사 • 이정림 곡

슬로우고고 (4/4박자)

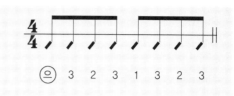

언제나 - 내모습 - 너무나 - 부끄러워 -

무릎으-로 주님께 - 기도로 - 가오니 -

나홀로 - 서있는 - 죽은 내영 깨우 사

주님만 나를 깨워 내영 살게 하소서 -

B 주님 내안에 - 주님 내안에 - 내 안에 계 시고 -

주님 내안에 - 주님 내안에 - 나를세워 주소서 -

* **B** 부분 →
(슬로우고고)

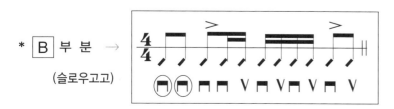

아침안개 눈앞가리듯

김성은 사 • 이유정 곡

슬로우고고 (4/4박자)

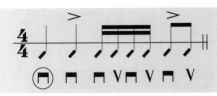

아침 안개 눈 앞가리 듯 나의 약한 믿음 의심 쌓일 때 부드
빗줄 기에 바위 패이 듯 나의 작은 소망 사라져 갈 때 고요

럽게 다가 온주의 음 성 아무 것도 염려하지 마 라
하게 들리 는주의 말 씀 내 가

너 를사랑 하노 라 외로 움과 방황 속에 서

주님 앞에 나아 갈때 에 위로 하시 는주 님

나를 도우 사 상한 나의 마음 감싸 주시 네

십자 가의 보 혈로 써 주의 크신 사랑 알게 하셨 네

주 님께 감사 하리 라 언제 나 주 님께 감사 해

138

당신을 향한 노래

천 태 영 곡

소울 (4/4박자)

아 주면 옛날 – 하늘에서 는 – 당신을 향한 – 계획 있었죠 –
하 나님 께서 – 바 라 보시 며 – 좋았더 라고 – 말씀 하셨네 –

이세상 그무엇 – 보 다 귀하게 – 나의 손으로 – 창조하였 – 노 라

내가너로 인하여 – 기 뻐 하노라 – 내가 너를 사랑 하 노 라

사 랑 해 요 축 복 해 요

당 신의마 음에 우리의 – 사 랑을 드 려 요

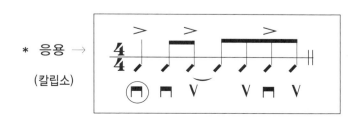

* 응용 →

(칼립소)

약할때 강함되시네

Dennis Jernigan 곡

슬로우고고 (4/4박자)

약 할때 강함 되시　네 나 의보배가 되신　주 주나의모 든
십 자가 죄사 하셨　네 주님의 이름 찬양　해 주나의모 든

것　－　－　　주안에 있는보 물　을 나는포기 할수없
것　－　－　　쓰러진 나를세우　고 나의빈잔 을채우

네 주나의모 든 것　　예 수　어 린 양

존 귀 한 이 름　－　－　예 수

어 린 양　존 귀 한 이 름

* B 부분 →

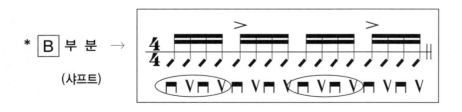

(샤프트)

140

온 땅이여 주를 찬양

Miles & Karl Kahaloa 곡

룸바 (4/4박자)

┋ 롤 스트로크) : 6번줄 →1번줄로 긁듯이 내려줌

온 땅이여주를 찬양 - 날마 다 주를찬양하 세 - - 주

의 기사와 주의 영광 - 온땅 에널리알려졌 네 위

대 하신 주 그의 힘 과 - 위 엄 을 기

뻐 하 라 주의 다 스 리 - 심 - 을

온 땅이여 주를 찬양 - 날마 다 주를찬양하 세 - - 주

의 기사와 주의 영광 - 온땅 에 널리알 려졌 네

* 응용 →
(폴카)

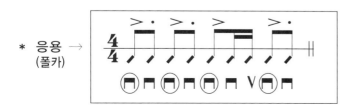

141

비 젼

고형원 곡

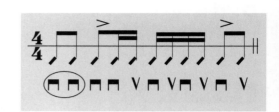

슬로우고고 (4/4박자)

우리 보좌앞에 모였네 함께주를찬양-하며

하 나님의사랑 그 아들주셨네 그 의피로우린 구원받았 네

십자 가 에서쏟으신그 사 랑 강 같이 온땅에-흘러

각 나라와족속 백 성방언에서 구원받고주

경배드리 네 구원하심이보 좌에앉으신 우

리하나님과어 린양께있도다 구원하심이보

좌에앉으신우 리하나님과어 린양께 있도 다

왕이신 나의 하나님

하스데반 곡

왈츠 (4/4박자)

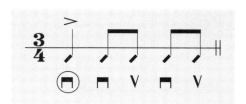

왕 이신 - 나 의 하나 님 - 내

가 - 주 를 높이 고 - 영

원 히 - 주 의 이름 을 - 송

축 하 리 이 다 -

Copyright© 1989 All Nations Music, Administered by CopyCare Korea, All rights reserved, Used by permission,

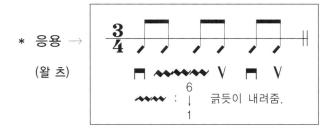

* 응용 →

(왈츠)

~~~~ : ↓ 긁듯이 내려줌.

오늘 집을 나서기전

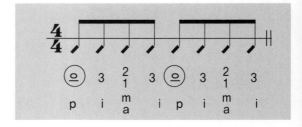

슬로우고고 (4/4박자)

오 늘 집을 나서 기 전 기 도 했 나 요
맘 에 분이 가득 찰 때 기 도 했 나 요
어 려운 시험 당 할 때 기 도 했 나 요
나 의 일생 다가 도 록 기 도 하 리 라

오 늘 받 을은 총 위 해 기 도 했 나 요
나 의 앞길 막 는 친 구 용 서 했 나 요
주 가 함께 당 하 시 면 능 히 이 기 리
주 께 맡긴 나 의 생 애 영 원 하 리 라

기 도 는 우리의 안 식 빛 으로 인도 하 리

앞 이 캄 캄 할때 기 도 잊 지 마 시 오

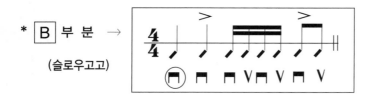

*　B 부분 →

(슬로우고고)

이 믿음 더욱 굳세라

Don Besig & Nancy Price

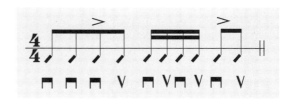

슬로우고고 (4/4박자)

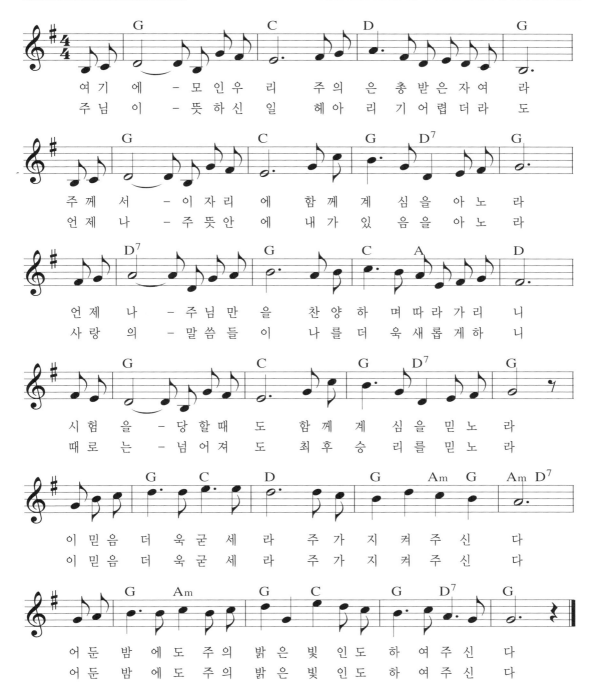

여기 에 – 모인 우리 주의 은총 받은 자 여 라
주님 이 – 뜻하신 일 헤아 리기 어렵더라 도

주께 서 – 이 자리 에 함께 계 심을 아 노 라
언제 나 – 주 뜻안 에 내가 있 음을 아 노 라

언제 나 – 주님만 을 찬양 하 며 따라 가리 니
사랑 의 – 말씀들 이 나를 더 욱 새롭 게하 니

시험 을 – 당할때 도 함께 계 심을 믿 노 라
때로 는 – 넘어 져도 최후 승 리를 믿 노 라

이 믿음 더 욱 굳 세 라 주 가 지 켜 주 신 다
이 믿음 더 욱 굳 세 라 주 가 지 켜 주 신 다

어둔 밤 에 도 주의 밝은 빛 인도 하 여주신 다
어둔 밤 에 도 주의 밝은 빛 인도 하 여주신 다

부흥 2000

고형원

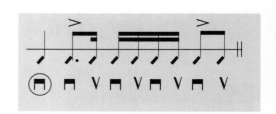

슬로우고고 (4/4박자)

오소서 진리의 성령님 - 이 땅 흔들며 임 하소서 -

거짓과 탐욕 죄 악에 무너진 - 우리 가슴 정케하소 서

오소서 은혜의 성령님 - 하늘 가르고 임 하소서 -

거룩한 불꽃 하늘 로서 임하사 - 타오 르게 하소서 주영광위 해

부흥의 불길 타오르게 하소서 - - 진리 의말씀 - 이땅 새롭게 하소 서

은혜 의강물 - 흐 르게 하소서 - - 성령 의바람 - 이땅가득불어 와

흰옷입 - 은 주의 순결한백성 주의 영광위해 이제일어 나

열방을 - 치유하 여 행진하는 영 광 의그 날을주 - 소 서

Copyright© 고형원. Admin. by KCMCA. Used by permission.

예수님이 좋은걸

이 광 무

굿거리 (6/8박자)

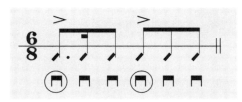

예 수 님 이 좋 - 은 걸 어 떡 합 - 니 까 -

예 수 님 이 좋 - 은 걸 어 떡 합 니 까 -

세 상 의 - 어 떤 것 도 비 길 수 - 없 네 -
날 위 해 - 십 자 가 를 지 신 예 - 수 님 -

예 수 님 이 좋 - 은 걸 어 떡 합 니 까 -

3핑거 (4/4박자)

선 하 신 – 목 자 – 날 사 랑 하 – 는 분 – 주

인 도 하 – 는 곳 – 따 라 가 – – 리 주 의 말 – 씀 을 – 나

들 기 위 – 하 – 여 주 인 도 하 – 는 – 곳 가 려 네

네 나 를 푸 른 초 – 장 과 – – 쉴 만 한 물 – 가 로 – 내

선 하 신 – 목 자 – 날 인 – 도 해 – 험 한 산 과 골 – 짜 기 – 로 내 가

다 닐 찌 – 라 도 – 내 선 하 신 – 목 자 – 날 인 – 도 해 –

시편 8편

최덕신

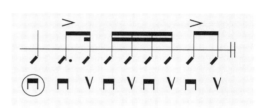

슬로우고고 (4/4박자)

여 호 와 우리 주 -여- 주의 이름이- 온 땅 -에- 어

찌 그 리 아름다 운지요- 어 찌 그 리 아름다 운지요-

여 호 와 우리 주 -여- 주의 이름이- 온 땅 -에- 어

찌 그 리 아름다 운지요- 어 찌 그 리 아름다 운지요- *Fine*

주의 손 가 락 으로 지 으 신 - 주 의 하늘 과 -

주 가 베 풀 어 두신 달 과 별- 내 가 보 오 니 -

사 람 이 무엇 이관대- 주께 서저를- 생 각 하 시 며 -

인 자 가 무엇 이관대- 저 를 권 고 하 시 나 이 까- *D.S.*

이와같은 때엔

David Graham

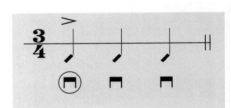

왈츠 (3/4박자)

이 와 같 은 때 엔 난 노 래 하 네

사 랑 을 노 래 하 네 주 님 께

이 와 같 은 때 엔 손 높 이 드 네

손 높 이 드 네 주 님 께 — 주 님

사 랑 해 요 — 사 랑 해

요 — 사 랑 해 요 주 님

사 랑 해 요 — 주 님 —

우리 함께 기뻐해

Gary Hansen

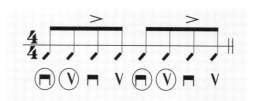

고고 (4/4박자)

우리 함께 - 기뻐 - 해   주께 영광 - 돌리 -

세   어린 양 의 혼 - 인 잔 - 치 - 와 - 신부

가 준비 - 되었 네 - -   할렐루야 전능

하 신 주 가 다 스 리 네   할렐루야 전능

하 신 주 가 다 스 리 - 네   네

Copyright©1982 Integrity's Hosanna Music. Admin. by CopyCare Korea. Used by permission.

* **B** 부분 →
(고고)

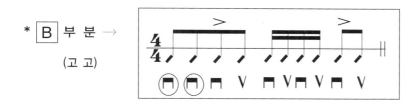

예수 우리 왕이여

Paul Kyle

슬로우고고 (4/4박자)

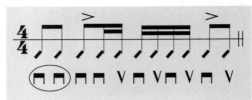

예 수 - 우 리 왕 이 여 -

이 곳 에 오 소 서 -

보 좌 로 - 주 여 임 하 사 - -

찬 양 을 받 아 주 소 서 -

주 님 을 찬 양 하 오 니

주 님 을 경 - 배 하 - 오 니

왕 이 신 예 수 여 오 셔 - 서 좌 정

하 사 다 스 리 소 서 -

Copyrigh©1980 ThankYou Music. Admin. by CopyCare Korea. Used by permission

주님나라 임하시네

고형원

슬로우고고 (4/4박자)

주님 나라 임하 시네 –   주의날은 멀지않았 네 너는

일 어나 주를따 – 르라   하나님 널부르 – 시 네 세상

은 아직 어둠 속에 –   빛되 신주보기 원하 네   너는

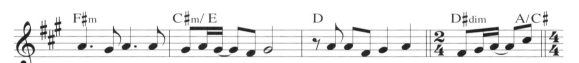

일 어나 그 빛을발 – 하라   주님의영 광   네게임 – 했

네 일어나 주 위해서라 –   강한용사 – 여 –   주님이너와 – 너와

함께하 – 시네   주께서 다 시오실길 –   그 길예 비하 – 라 –

영광의 주님 – 오 만 왕의왕   – 곧 오 시 네 –

153

주의 사랑으로

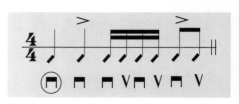

슬로우고고 (4/4박자)

주께가 오니 – 날새롭게 하 시고 – 주의은혜
나 의눈 열어 – 주를보게 하 시고 – 주의 사랑

를 부어주 – 소 서
을 알게하 – 소 서

내안 에발 견한 – 나의연약 함 모두 – –벗어지리
매일 나의 삶에 – 주뜻이뤄 지 도록 – 새 롭게하소

라 – 주의사랑 으로 –
서

주 사랑 – 나를붙드 시 – –고

주 곁에 – 날이끄소 –서 –

독 수리 – 날개쳐올라 가 – –듯 나 주님과함

께 일어나걸으 리 주의사랑 안에 – –

154

만세반석

Rita Baloche

고고 (4/4박자)

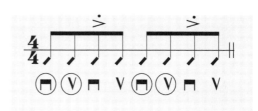

주님같은 반석은없 - 도 다   찬 양받기
합당하신 - 이 름 -   변 치않으시 - 는
구 원의반석 -   신 실하시고 - 진실하 - 신 주
주 님같은   반 석은없 - 도 다
만 세반 - - - 석   예 수내 - 반 - 석
주 님같은   반 석은없 - 도 다

Copyright©1989 Maranatha! Praise Inc. Admin. by CopyCare Korea. Used by permission.

* 응용 →

(디스코)

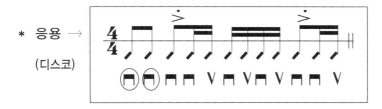

지금은 엘리야때처럼

Robin Mark 곡

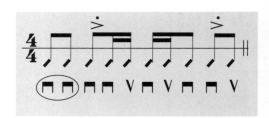

소울 (4/4박자))

지 금 - 은 엘리야때 처 럼 - 주 말씀 - 이선 - 포되고 - 또
에 스 - 겔의 환 상 처 럼 - 마 른뼈 - 가살 - 아나며 - 또

주 의 - 종 모세의 때 와 - 같 이 - 언약 - 이성 취 - 되 네 비록
주 의 - 종 다윗의 때 와 - 같 이 - 예배 - 가회 복 - 되 네 비록

전 쟁 - 과기 근 - 과 핍 박 - 환 난날 - 이다 가 - 와 - 도 - 우
추 수 - 할때 가 - 이 르 러 - 들 판 - - 은희 어 - 졌 - 네 -

리 는 - 광 야 의 외 치 는 - 소 리 - 주 의 길 을 예 - - 비 하라
우 리 - 는 추 수 할 일 꾼 - 되 어 - 주 말 씀 을 선 - - 포 하라

- 보라 주 - 님 구 름 타 시 고 - 나 팔 불 때에

- 다 시 오 - 시 네 모 두 외 치 - 세 이는 은 혜 의 해 니

- 시 온 에 서 구 원 이 임 하 네 또 네

주님께 찬양드려요

현윤식 사·곡

칼립소 (4/4박자)

주님께 - 찬양하는 우리의마음

얼마나 아름다운지 -

주님께 - 찬양하는 모든순간

내마음 천국일세 - 찬양

찬 - - 양 주님께찬양드려 요 -

두손을 - 높이들고 마음을모아

주님께 찬양드려요 -

나를 받으옵소서

최 덕 신 사·곡

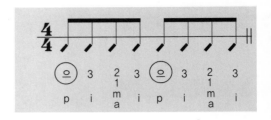

슬로우고고 (4/4박자)

주님 내 가 여 기 있 사 오 니 나 를 보 내 소 - 서

나의 맘 나의 몸 주께 드 리 오 - 니 주 받 으 옵 소 서

주님 내 가 여 기 있 사 오 니 나 를 써 주 소 - 서

가진 것 모두 다 주께 드 리 오 - 니 주 받 으 옵 소 서

알 렐 루 - 야 알 - 렐 루 - 야

알 렐 루 - 야 - - 알 - 렐 루 야

야 나 를 받 으 옵 소 서 나 를 받 으

옵 소 서 -

지금 우리가 주님안에

곽상엽 곡

셔플 (4/4박자)

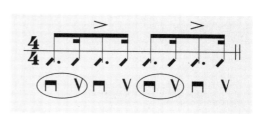

지금 우리가 - 주님안에 하나 가 되어 - -

바로 주님 이 - 원하시는 뜻대 - 로 - -

주님의 크 신 영광 - 높 이 - 는 노래가 되어 -

온 세 상 을 - 아름 답게 하 - 리 라 - - 지금 -

우 리 모 두 가 - 주 를 노 - 래 하는 -

아름 다운 - 소 리 로 하 나 가 되어 -

바로 이 곳 을 더욱 아 름 답 게

아름 답 게 하 리 라 - -

159

살아계신 주

G. O. Webster 사 • W. J. Gaither 곡

고고 (4/4박자)

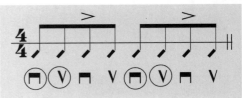

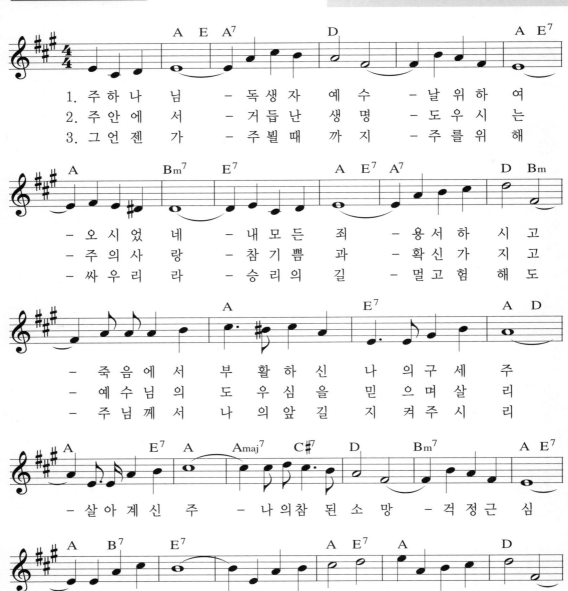

1. 주 하 나 님 - 독 생 자 예 수 - 날 위 하 여
2. 주 안 에 서 - 거 듭 난 생 명 - 도 우 시 는
3. 그 언 젠 가 - 주 뵐 때 까 지 - 주 를 위 해

- 오 시 었 네 - 내 모 든 죄 - 용 서 하 시 고
- 주 의 사 랑 - 참 기 쁨 과 - 확 신 가 지 고
- 싸 우 리 라 - 승 리 의 길 - 멀 고 험 해 도

- 죽 음 에 서 부 활 하 신 나 의 구 세 주
- 예 수 님 의 도 우 심 을 믿 으 며 살 리
- 주 님 께 서 나 의 앞 길 지 켜 주 시 리

- 살 아 계 신 주 - 나 의 참 된 소 망 - 걱 정 근 심

- 전 혀 없 네 - 사 랑 의 주 내 갈 길 인 도 하 니

- 내 모 든 삶 에 기 쁨 늘 충 만 하 네 -

160

기 대

천 강 수 곡

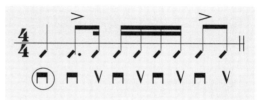

슬로우고고 (4/4박자)

주안에 우린하 나 모습은달라 도 예수님한 분만바라네

사랑과선행으 로 서롤격려 해 따스함으로 보듬어 -가리-

주님 우리안에 함 께하시니 - 형제자 -매의 - 기

쁨과슬 - 픔느 - 끼네 - 네안 에있는주님 모 습보네

그분 기뻐 하 시 네

주 님우릴통 -해 계획하 -신일 - 부족한 -입술로 -찬양

하게하 -신일 - 주 님우릴통 -해 계획하 -신일 -너

를통해하 실일기 대 - 해 - -

이 산지를 내게 주소서

홍진호 곡

슬로우고고 (4/4박자)

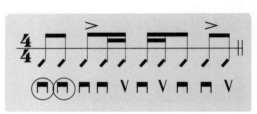

주님 이 주신 땅으로 - 한걸 음씩 - 나아

갈 때에 수많 은 적들과 견고 한 성이 - 나를

두렵게 - 하지 만 주님 을 신뢰

함으로 - 주님 을 의지 함으로 - 주님

이 주시는 담대 함으로 - 큰 소리 외치며 - 나아가

네 이 산지 를 내게주 소-서 그날 에 -주 께서

말 씀-하신 이제내 가 주님의 이 름으로 - 그 땅

을 취하리 니 이산지 을 취하리 니 -

162

주님 사랑 온 누리에

채 한 성

슬로우고고 (4/4박자)

주 님 의 사랑이 이 곳에 가득 하기를 - 기 도합 니 다
은총이

주 님 의 평화가 - 우 리들 가운데 - 에 있기를 원합니 다 주 다
기쁨이

때 로는 지치고 - 때 로는 곤해도 - 주 만을 바라 보면 서 -

세 상의 고통이 - 내게 닥 쳐 와도 - 주 만을 사 랑하리라 - -

주 님 의 축복이 - 이 곳에 넘쳐 나기를 - 원 합 니 다

주 님 의 사랑이 이 곳에 가득 하기를 - 기 도합 니 다

Copyright©1990 채한성 Admin by KOMCA. Used by permission.

주의이름 송축하리

Clinton Utterbach

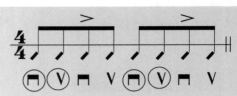

고고 (4/4박자)

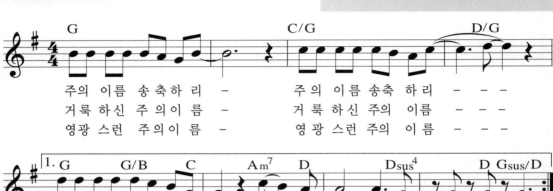

주의 이름 송축하리 –   주의 이름 송축 하리 – – –
거룩 하신 주의이름 –   거룩 하신 주의 이름 – – –
영광 스런 주의이름 –   영광 스런 주의 이름 – – –

주의 이름 송축하리 –   찬 – 양 – –
거룩 하신 주의 이름 –   찬 – 양 – –
영광 스런 주의 이름 –   찬 – 양 – –

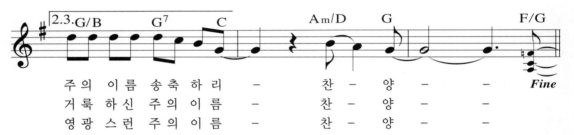

주의 이름 송축하리 –   찬 – 양 – –
거룩 하신 주의이름 –   찬 – 양 – –
영광 스런 주의 이름 –   찬 – 양 – –

Fine

주님의 이름 – 은   강 한 성

– 루   그 곳에 달려 – 간 – 자

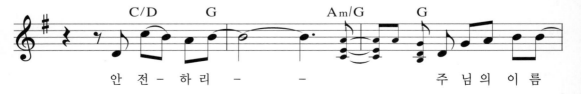

안 전 – 하리 – –   주님의 이름

－은 　　　강 한 성 － 루 　　　그 곳 에 달 려

－ 간 － 자 　　안 전 － 하 리 － －

D.C.

* 응용 →

(디스코)

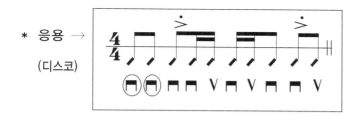

주님 내길 예비하시니

홍정표

고고 (4/4박자)

1. 주 님 내 길 예비하시니 나 기뻐합 니 다
2. 주 님 내 게 평화주시니 나 기도합 니 다
3. 주 님 내 게 승리주시니 나 찬송합 니 다
4. 주 님 나 를 치료하시니 참 감사합 니 다
5. 주 님 나 를 사랑하셨네 날 구원하 셨 네

주 님 내 길 예비하시니 나 기뻐합 니 다
주 님 내 게 평화주시니 나 기도합 니 다
주 님 내 게 승리주시니 나 찬송합 니 다
주 님 나 를 치료하시니 참 감사합 니 다
주 님 나 를 사랑하셨네 날 구원하 셨 네

여 – 호 와 이 레 여 – 호 와 이 레
여 – 호 와 샬 롬 여 – 호 와 샬 롬
여 – 호 와 닛 시 여 – 호 와 닛 시
여 – 호 와 라 파 여 – 호 와 라 파
할 렐 루 야 아 멘 할 렐 루 야 아 멘

주 님 내 길 예비하시 니 여 – 호 와 이 레
주 님 내 게 평화주시 니 여 – 호 와 샬 롬
주 님 내 게 승리주시 니 여 – 호 와 닛 시
주 님 나 를 치료하시 니 여 – 호 와 라 파
주 님 나 를 사랑하셨 네 할 렐 루 야 아 멘

정결한 맘 주시옵소서

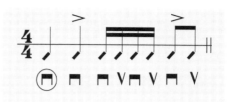

슬로우고고 (4/4박자)

정 결한맘주시 옵 소서 - 오 - 주님 -

정 직한영을 새 롭게하소 서 - - 나를

주 님앞 에서 - 멀 리 하 지마시고 - 주 의

성 령을 거 두지마옵소 서 - 그

구 원의기 쁨 다시회복시키 시 - 고

변 치않는맘 내 안에주소 서 -

주께 구속된 자들이

셔플 (4/4박자)

주 께 구 속 된 자 들 이 돌 아 오 네   시 온 으 로   오 며

노 래 하 네 - - 그 머 리 위 에 영 영 한 기 쁨 을 쓰 겠 네

Fine last time

즐 거 움 과   기 쁨 얻   고

- 눈 물 - 근 심 은   사 라 지 리

D.C.Al Fine

* 코드 흐름

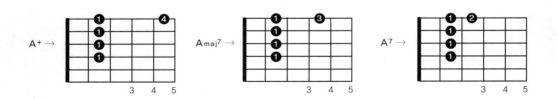

주 우리 아버지

고고 (4/4박자)

주 우리 아 -버지   우리는 그분의자 - 녀

예 수 우리 -형제 손에 손 잡고 하나 되어 함께 걸 -어 가 리

주 께   찬 송 해   탬 버 린 으 로

주 께   찬 송 해   손 뼉 쳐

주 께   찬 송 해   춤 을 추 면 서

주 께   찬 송 해 -목 소 리 로 랄 랄 라

라 랄 라 라 -랄 라   랄 라 라 라 랄 라 라 -라   랄 랄 라

라 랄 라 라 -랄 라 손 잡고 하나 되어 함 께 걸 -어 가 리 -

지존하신 주님 이름 앞에

Chris A. Bowater

슬로우고고 (4/4박자)

지존 하신 주님 이 름앞에　모두무릎꿇고 다

경배해 –　거룩하신 주님 보 좌앞에　엎

드려 절 – 하 세　예 수 는

그리스도　예 수 는 주　하 나 님 의

영 으 로 –　경 배 드 – 리 리 –

Copyright©1982 Sovereign Lifestyle Music. Admin. by CopyCare Korea. Used by permission.

주의 거룩하심 생각할 때

Wayne & Cathy Perrin

슬로우고고 (4/4박자)

주의 거룩하심 생 각 할때 주의 크 신 사랑 느 낄 때

주의 영광의빛 나의 생활 비쳐주 실 때 ㅡ

주가 주신기쁨맛볼 때 에 ㅡ 주의 사 랑속에 나 잠 길 때

주의 영광의빛 나의 생활 비쳐주 실 때 ㅡ ㅡ ㅡ

경 배 하 리 ㅡ 경 배 하 리 ㅡ

나 사 는 동 안 ㅡ 주 께 경 배 해 ㅡ ㅡ

경 배 하 리 ㅡ 경 배 하 리 ㅡ

나 사 는 동 안 ㅡ 주 께 경 배 해 ㅡ

Copyright©1981 Integrity's Hosanna Music, Admin. by CopyCare Korea. Used by permission.

좋으신 하나님 너무나

Terry Clark

셔플 (4/4박자)

좋으신 하 나 님 - 너무도내게 좋 은 분

- 찬 양 하 리 영 원 히 - 참 좋 은 분 - 좋 으 신

분 - 워 워 워 난 노 래 하 - 리 라 - - -

내 평 생 사 는 동 안 - - - 언 제 나

함 께 하 시 - - 니 난 찬 양 하 리 라 - 좋 으 신

축복합니다

이형구 사 · 곽상엽 곡

셔플 (4/4박자)

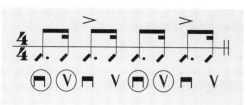

축 복 합 니 다 － 주 님 의 이 름 으 로 －

축 복 합 니 다 － 주 님 의 사 랑 －으 로 － 이 곳 에

모 인 주 의 거 룩 한 자 녀 에 게 － 주 님 의 기 쁨 과주 님 의 사 랑 － 이 －

충 만 하 게 충 만 하 게 넘 치 기 를 － (축복합니다)

God bless you God bless you

축 복 합 니 다 － 주 님 의 사 랑 － 으 로 －

* 응용 →
(3핑거)

찬양이 언제나 넘치면

김 석 균 곡

칼립소 (4/4박자)

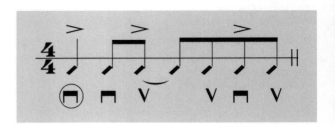

찬 양이 언제나 넘 치면 - 은 혜로 얼굴이 환 해요-
감 사가 언제나 넘 치면 - 은 혜로 얼굴이 환 해요-
사 랑이 언제나 넘 치면 - 은 혜로 얼굴이 환 해요-
기 도가 언제나 넘 치면 - 은 혜로 얼굴이 환 해요-

성 령의 충만한 모 - 습을 - 서 로 가느 - 껴 요

할 렐루 할렐루 손뼉치 - 면서 할 렐루 할렐루 소리 외 - 치며

할 렐루 할렐루 두손 을 - 들고 주님을찬양해 요

* 응용 →
(디스코)

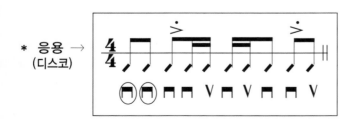

174

찬양하세

Danny Reed

보사노바 (4/4박자)

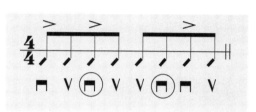

Copyright©1989 ThankYou Music, Admin. by CopyCare Korea. Used by permission

크신 주께 영광돌리세

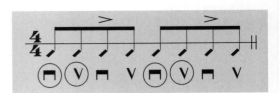

고고 (4/4박자)

크 신주 께 영광돌리 세 하나

님 의 성에 서 그의 거룩한 산 에서 –

터 가 높고아름 다 와 온 세 상 의 기 쁨

저 북 방에있 는 시 온 산 큰 왕의 성일 세

Sing 할 렐 루 야 Sing 할 렐 루 야

Sing 할 렐 루 야 큰 왕 의 성 일 세

* 응용 →
(3핑거)

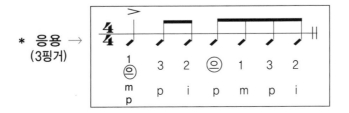

하나님께서는

Rodger Strader

슬로우고고 (4/4박자)

하 나 님 께 서 는 　 － 우 리 의 만 남 을

－ 계 획 해 놓 셨 네 － － － 우 린 하 나 되 어

－ 어 디 든 가 리 라 － 주 위 해 서 라 면

－ 무 엇 이 든 하 리 － 라 － 당 신 과 함 께

－ 우 리 는 하 － 나 되 어 － 함 － 께

걷 네 하 늘 아 버 지 사 랑 안 － 에 서

－ 우 리 는 기 － 다 리 며 － 기 － 도

하 네 우 리 의 삶 에 사 랑 넘 치 도 － 록 － 우 리 는 록

시편 40편

김지면

슬로우고고 (4/4박자)

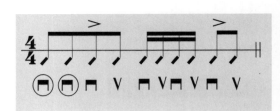

하 나 님 의 음 성 을 들 고 자 - 기 - 도 하 면 귀 -
주 를 의 지 하 - 고 교 만 하 지 않 - 으 - 며 거 짓

를 기 울 이 고 나 의 기 도 를 들 어 주 신 다 - 네
에 치 우 치 지 아 니 하 - 면 복 이 있 으 리 - 라

깊 은 웅 덩 이 - 와 수 렁 에 서 끌 어 주 시 고 나 의
여 호 와 나 의 주 는 크 신 권 능 의 - 주 - 라 그 의

발 을 반 석 위 - 에 세 우 시 사 나 를 튼 튼 히 하 셨 네 - 새
크 신 권 능 으 - 로 우 리 들 을 사 랑 하 여 - 주 시 네 -

노 래 로 - 부 르 자 라 라 라 라 하 나 님 께 올 릴 찬 송 을 - 새

노 래 로 - - 부 르 - 자 하 나 - 님 - 사 랑 을 - 새 을

Copyright©1994 김지면 Admin by KOMCA. Used by permission.

항상 진실케

Eddie Espinosa

슬로우고고 (4/4박자)

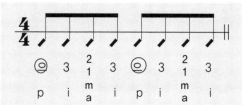

항 상 진 실 케 — 내 맘 바 꾸 사 —

하 나 님 닮 게 — 하 여 주 소 서

주 는 토 기 장 이 나 는 진 — 흙

날 빛 으 소 — 서 기 도 하 오 니

Copyright©1982 Mercy/Vinyard Publishing. Admin. by CopyCare Korea. Used by permission.

* B 부분 →

(슬로우고고)

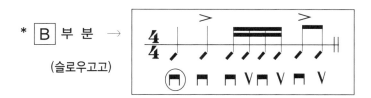

하나님께로 더 가까이

하스데반 곡

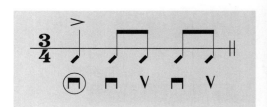

왈츠 (3/4박자))

| G | | Am7 | | G/B | | C | C/B |

하 나 님께 로 더 가 까 이 갑니 다

| Am | | A/C# | | Dsus4 | | D7 | |

고 통 가운 데 계 신주 님 — 변함

| G | | B7/F# | | Em | | G/D | |

없 는 주님 의 크 신사 랑 — 영원

| C | | D7 | | C/G | | G | |

히 주 님만 을 섬 기 리 —

Copyright© 1994 All Nations Music, Administered by CopyCare Korea, All rights reserved, Used by permission

* 응용 →

(왈 츠)

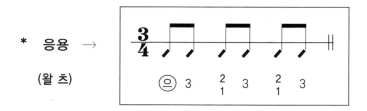

하나님은 너를

정성실 곡

슬로우고고 (4/4박자)

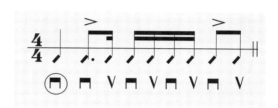

하나 님은너를지키 시 는자녀의 우편에그늘 되 - 시니 -

낮의 해 와 밤의달 - 도 너를 해 치못 하리 -

하나 님은너를지키 시 는자녀의 환란을면케 하 - 시니-

그가 너 를 지키시리 라 너의 출입을지키시 리 라

눈을 들 어 산을 보아라 너의 도 움 어디 서 오나

천지 지으신 너를 만드신 여호와께로 - 다

하나님이시여

유상렬 곡

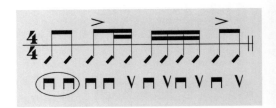

슬로우고고 (4/4박자)

하 나 님 이 시 - 여　하 나 님 이 시 - 여 주 는 나 의　하 나 님 이 시 로 다

나 의 몸 과 마 - 음　주 를 갈 망 하 - 며 이 제 내 가　주 께 고 백 하 는 말

여 호 와 는 -　나 의 빛 이 요-　여 호 와 는 -　나 의 구 원 이 시 니-

내 가 누 구 를 -　두 려 워 하 리 요-　여 호 와 는　생 명 의 피 난 처 시 니 -

주 의 인 자 가-　생 명 보 다 나 으 므 로　내 입 술 이-여 호 와 를 찬 양 하 리-

내 평 생 에 -　주 를 찬 양 하 며　주 의 이 름 으-로 내 손 들 리 라 -

주만 바라볼찌라

박성호 사·곡

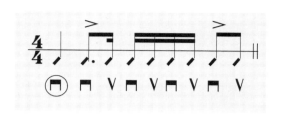

슬로우고고 (4/4박자)

하나 님의 사－랑을 사모하 는자 하나 님의 평－안을 바라보는자
님께 찬－양과 경배하 는자 하나 님의 선하심을 닮아 가는자

너의 모 든것창조하신 우리주님이 너를 얼 마나사랑하시는 지 하나

자 녀삼으 셨 네 하나 님 사랑 의 눈 으로

너를 어 느때나 바라 보시 고 하나 님 인자한 귀로 써

언제 나너 에게기울 이시 니 어두 움에 밝은 빛을 비춰주시 고

너의 작 은 신음 에도 응답 하시 니 너는 어느 곳에 있－든지

주를 향 하고 주만 바 라 볼 찌 라 하나

라 주만 바 라 볼 찌 라 －

183

오 신실하신 주

최용덕 사·곡

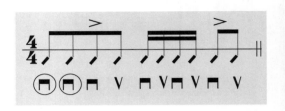

슬로우고고 (4/4박자)

하 나 님 한 번 도 나 를 - 실 망 시 킨 적 없 으 시 고 -
지 나 온 모 든 세 월 들 - 돌 - 아 보 - 아 - 도 - -

언 제 나 공 평 과 은 혜 - 로 나 를 - - 지 키 셨 네
그 어 느 것 하 나 주 의 손 길 안 미 친 것 전 혀 없 네

오 신 실 하 신 주 오 신 실 하 신 주

내 너 를 떠 나 지 도 않 으 리 라 내 너 를 버 리 지 도 않 으 리 라

약 속 하 셨 던 주 님 - 그 약 속 을 지 키 사 이

후 로 도 영 원 토 록 - 나 를 지 키 시 리 라 확 신 하 네

184

너는 내 아들이라

이 재 왕 사 · 이 은 수 곡

슬로우고고 (4/4박자)

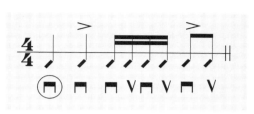

힘들고지 - 쳐 낙망 하고넘 - 어져 - 일어 날힘전 혀 없 - 을때 - 에 -

조 - 용히다가와 - 손 잡아 주시며 - 나 - 에게 말씀 하시네 -

나에 게실망하 - 며 - 내 자신연 - 약해 - 고통 속에 눈물흘 - 릴때 - 에 -

못자 국난그손길 - 눈물 닦아주시며 - 나 - 에게 말씀 하 - 시네 -

너 는내아들 - 이 라   오늘 날 내가 - 너를 낳았도다 -

너 는내아들 - 이 라   나의 사랑 하는 내 아들이라 -

Fine

언제나변함 - 없이 -   너 는내 아들이라 -   나의

십자 가고통 - 해산의 그고통으로 - 내가 너 를 낳았으니 -

D.S

형제여 우리 모두 다함께

정종원

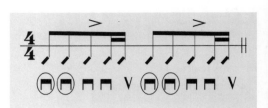

슬로우고고 (4/4박자)

형제여- 우리 모두다함께- 주님을- 높이 부르세

자매여- 우리 모두다 함께- 주님께- 사랑 드리세

주님은- 우리 모일때 늘 임하 시 는주 맘과

뜻-다해- 주를 높-이세- 주님은 기 뻐하시 네오

주님을찬양- 주님을찬양- 우리주님을- 찬양 해

주 님 을 주 님 을 주 님 을 찬 양

주님을찬양- 주님을찬양- 우리주님을- 찬양 해

주 님 을 주 님 을 주 님 을 찬 양

내 영혼의 그윽히 깊은 데서

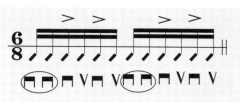

왈츠 (6/8박자)

1. 내 영혼의 그윽히 깊은 데서 맑은 가락이 울려나네
2. 내 맘 속에 솟아난 이 평화는 깊이 묻히인 보배로다
3. 내 영혼에 평화가 넘쳐남은 주의 축복을 받음이라
4. 이 땅 위의 험한 길 가는 동안 참된 평화가 어디 있나

하늘 곡조가 언제나 흘러나와 내 영혼을 고이 싸네
나의 보화를 캐내어 가져갈 자 그 누구랴 안심일세
내가 주야로 주님과 함께 있어 내 영혼이 편히 쉬네
우리 모두 다 예수를 친구 삼아 참 평화를 누리겠네

평화 평화로다 하늘 위에서 내려오네

그 사랑의 물결이 영원토록 내 영혼을 덮으소서

내 죄 사함 받고서

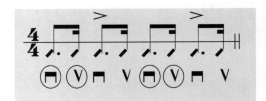

셔플 (4/4박자)

1. 내 죄 사함 받고서 예수를 안 뒤 나의 모든 것 다 변했네
2. 주 님 밝은 빛 되사 어둠 헤치고 나의 모든 것 다 변했네
3. 내게 성령 임하고 그 크신 사랑 나의 맘에 가득 채우며

지 금 나의 가는 길 천 국 길이요 주의 피로 내 죄를 씻었네
지 금 내가 주 앞에 온 전케 됨은 주의 공로를 의 지함 일세
모 든 공포 내게서 물 리 치시니 내 맘 항상 주 안에 있도다

나 의 모 든 것 변하 고 그 피 로 구 속 받 았 네

하 나 님 은 나 의 구 원 되 시 오 니 내 게 정 죄 함 없 겠 네

내 평생에 가는 길

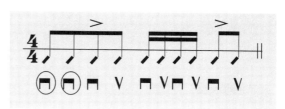

슬로우고고 (4/4박자)

	D			A		D	Bm	
1.	내	평	생에	가	는길 순	탄 하 여	늘	잔 잔 한
2.	저	마	귀는	우	리를 삼	키 려 고	입	벌 리 고
3.	내	지	은죄	주	홍빛 같	더 라 도	주	예 수 께
4.	저	공	중에	구	름이 일	어 나 며	큰	나 팔 이

	E	A	D	G	E	A
강 같 든	지 큰 풍	파 로 무	섭 고 어	렵 든 지		
달 려 와	도 주 예	수 는 우	리 의 대	장 되 니		
다 아 뢰	면 그 십	자 가 피	로 써 다	씻 으 사		
울 려 날	때 주 오	셔 서 세	상 을 심	판 해 도		

	D	A	D		A
나 의 영 혼 은 늘 편 하 다				내 영 혼	
끝 내 싸 워 서 이 기 겠 네					
흰 눈 보 다 더 정 하 겠 네					
나 의 영 혼 은 겁 없 겠 네					

	A	D	G	D	A	D
평 안 해		내 영 혼	내 영 혼	평 안 해		

변찮는 주님의 사랑과

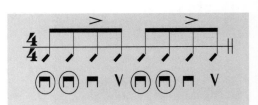

고고 (4/4박자)

1. 변찮 는 주 님 의 사 랑 과   거 룩 한 보 혈 의 공 로 를
2. 우 리 를 깨 끗 게 한 피 는   무 궁 한 생 명 의 물 일 세
3. 주 님 의 깨 끗 한 보 혈 을   날 마 다 입 으 로 간 증 해
4. 십 자 가 튼 튼 히 붙 잡 고   날 마 다 이 기 며 나 가 세

우 리 다 찬 양 을 합 시 다   주 님 을 만 나 볼 때 까 지
생 명 을 구 원 한 친 구 들   하 나 님 찬 양 을 합 시 다
담 대 히 싸 우 며 나 가 세   천 국 에 들 어 갈 때 까 지
머 리 에 면 류 관 쓰 고 서   주 앞 에 찬 양 할 때 까 지

예 수 는 우 리 를 깨 끗 케 하 시 는 주 시 니

그 의 피 우 리 를 눈 보 다 더 희 게 하 셨 네

샘물과 같은 보혈은

슬로우고고 (4/4박자)

아 하나님의 은혜로

고고 (4/4박자)

1. 아 하 나 님 의   은 혜 로 이   쓸 데 없 는   자
2. 왜 내 게 굳 센   믿 음 과 또   복 음 주 셔 서   서
3. 왜 내 게 성 령   주 셔 서 내   맘 을 감 동 해   해
4. 주 언 제 감 림   하 실 지 혹   밤 에 혹 낮 에

왜 구 속 하 여   주 는 지 난   알 수 없 도   다
내 맘 이 항 상   편 한 지 난   알 수 없 도   다
주 예 수 믿 게   하 는 지 난   알 수 없 도   다
또 주 님 만 날   그 곳 도 난   알 수 없 도   다

내 가 믿 고 또 의 지 함 은 내 모 든 형 편 잘 아 는 주 님

늘 돌 보 아 주 실 것 을 나 는 확 실 히 아 네

192

예수로 나의 구주 삼고

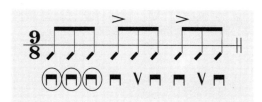

슬로우왈츠 (9/8박자)

1. 예수로 나의 구주 삼고 성령과 피로써 거듭나니
2. 온전히 주께 맡긴 내영 사랑의 음성을 듣는 중에
3. 주안에 기쁨 누리므로 마음의 풍랑이 잔잔하니

이세상 에서 내영혼이 하늘의 영광 누리로 다
천사들 왕래 하는것과 하늘의 영광 누리로 다
세상과 나는 간곳없고 구속한 주만 보이로 다

이것이 나의 간증이요 이것이 나 의 찬송일세

나사는 동안 끊임없이 구주를 찬 송하리로다

오 놀라운 구세주

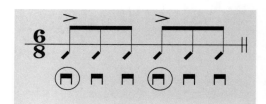

왈츠 (6/8박자)

1. 오 놀 라 운 구 세 주 예 수 내 주 참 능 력 의 주 시 로 다
2. 오 놀 라 운 구 세 주 예 수 내 주 내 모 든 짐 벗 기 시 네
3. 측 량 못 할 은 혜 로 채 우 시 며 늘 성 령 의 감 화 주 사
4. 주 예 수 님 공 중 에 임 하 실 때 나 일 어 나 맞 이 하 리

큰 바 위 밑 샘 솟 는 그 곳 으 로 내 영 혼 을 숨 기 시 네
죄 악 에 서 날 끌 어 올 리 시 며 또 나 에 게 힘 주 시 네
큰 기 쁨 중 주 님 을 찬 양 토 록 내 생 활 을 도 우 시 네
그 구 원 의 은 총 을 노 래 하 리 저 천 군 과 천 사 함 께

메 마 른 땅 에 종 일 걸 어 가 도 나 피 곤 치 아 니 하 며 저 위 험 한 곳

내 가 이 를 때 면 큰 바 위 에 숨 기 시 고 주 손 으 로 덮 으 시 네

주 안에 있는 나에게

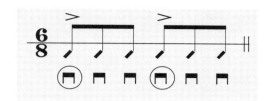

왈츠 (6/8박자)

1 주 안에 있 는 나 에 게 딴 근 심 있 으 랴
2 그 두 려 움 이 변 하 여 내 기 도 되 었 고
3 내 주 는 자 비 하 셔 서 늘 함 께 계 시 고
4 내 주 와 맺 은 언 약 은 영 불 변 하 시 니

십 자 가 밑 에 나 아 가 내 짐 을 풀 었 네
전 날 에 한 숨 변 하 여 내 내 노 래 되 었 네
내 궁 핍 함 을 아 시 고 늘 채 워 주 시 네
그 나 라 가 기 까 지 는 늘 보 호 하 시 네

주 님 을 찬 송 하 면 서 할 렐 루 야 할 렐 루 야

내 앞 길 멀 고 험 해 도 나 주 님 만 따 라 가 리

주의 친절한 팔에 안기세

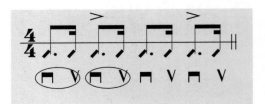

1. 주 의 친절한 팔 에 안기세 우 리 맘 이 평 안 하 리 니
2. 날 이 갈수록 주 의 사랑이 두 루 광 명 하 게 비 치 고
3. 주 의 보좌로 나 아 갈때에 기 뻐 찬 미 소 리 외 치 고

항 상 기쁘고 복 이 되겠네 영 원 하 신 팔 에 안 기 세
천 성 가 는길 편 히 가 리 니 영 원 하 신 팔 에 안 기 세
겁 과 두 려 움 없 어 지 리 니 영 원 하 신 팔 에 안 기 세

주 의 팔 에 그 크 신 팔 에 안 기 세

주 의 팔 에 영 원 하 신 팔 에 안 기 세

죄짐 맡은 우리 구주

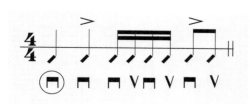

슬로우고고 (4/4박자)

1. 죄 짐 맡은 우리 구 주   어 찌 좋은 친 군 지
2. 시 험 걱정 모 든 괴 롬   없 는 사 람 누 군 가
3. 근 심 걱정 무 거 운 짐   아 니 진 자 누 군 가

걱 정 근 심 무 거 운   짐   우 리 주 께 맡 기   세
부 질 없 이 낙 심   말 고   기 도 드 려 아 뢰   세
피 난 처 는 우 리 예   수   주 께 기 도 드 리   세

주 께 고 함 없 는 고   로   복   을 얻 지 못 하   네
이 런 진 실 하 신 친   구   찾   아 볼 수 있 을   까
세 상 친 구 멸 시 하   고   너   를 조 롱 하 여   도

사 람 들 이 어 찌 하   여   아   뢸 줄 을 모 를   까
우 리 약 함 아 시 오   니   어   찌 아 니 아 뢸   까
예 수 품 에 안 기 어   서   참   된 위 로 받 겠   네

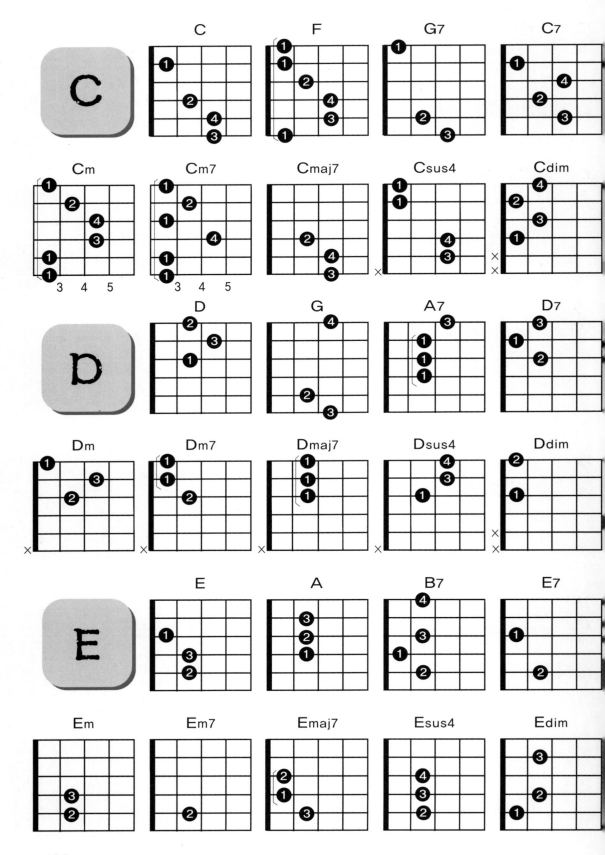

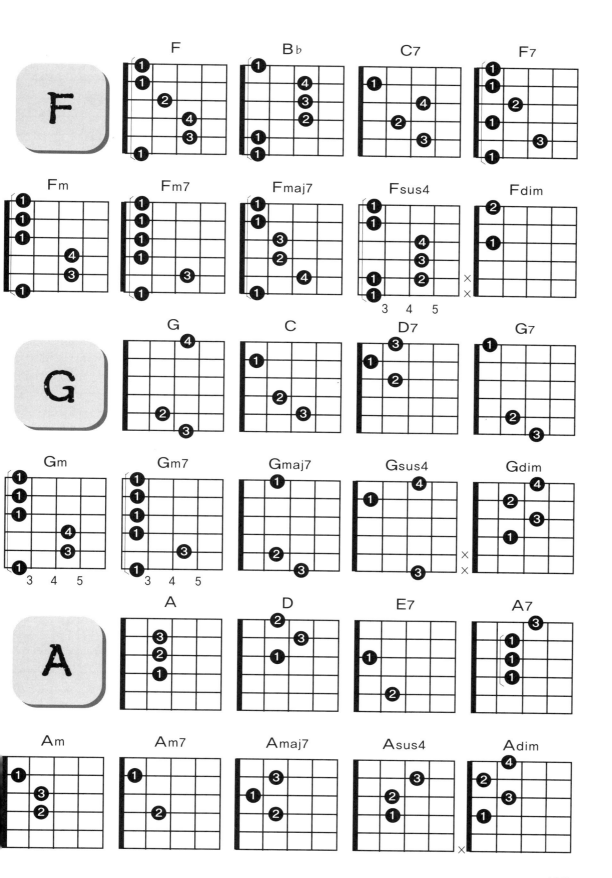

199

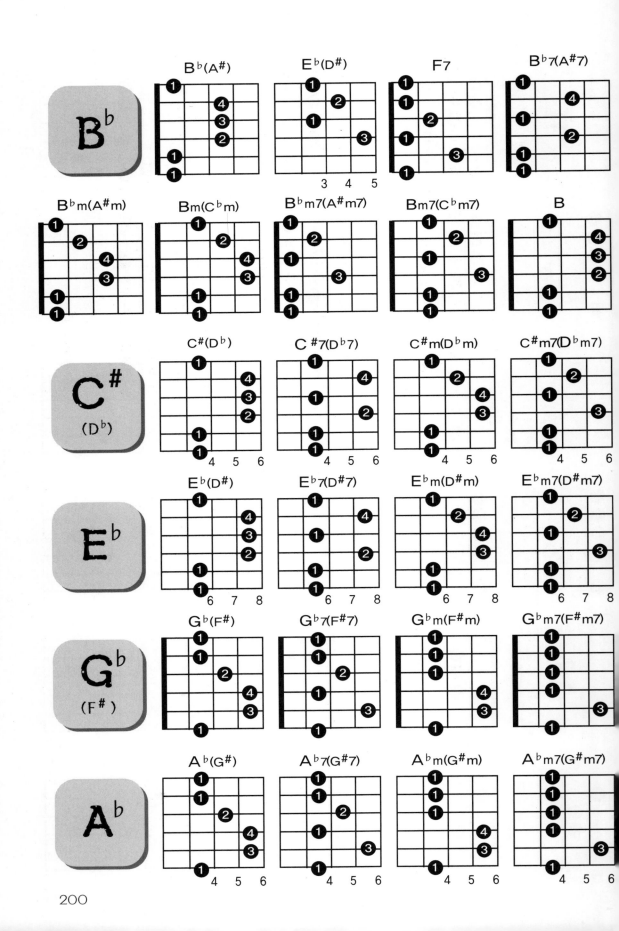